ACCESO GRATIS a la Lectura en la Nube

Para visualizar el libro electrónico en la nube de lectura envíe junto a su nombre y apellidos una fotografía del código de barras situado en la contraportada del libro y otra del ticket de compra a la dirección:

ebooktirant@tirant.com

En un máximo de 72 horas laborales le enviaremos el código de acceso con sus instrucciones.

© TIRANT LO BLANCH
EDITA: TIRANT LO BLANCH
C/ Artes Gráficas, 14 - 46010 - VALENCIA
TELFS.: 96/361 00 48 - 50
Fax: 96/369 41 51
Email: tlb@tirant.com
www.tirant.com
Librería Virtual: www.tirant.es
DEPOSITO LEGAL: V-3226-2024
ISBN: 978-84-1071-803-6
MAQUETA E IMPRIME: Tink Factoría de Color , s.l.

Si tiene alguna queja o sugerencia, envíenos un mail a: atencioncliente@tirant.com.
En caso de no ser atendida su sugerencia, por favor, lea nuestro procedimiento de quejas en:
www.tirant.net/index.php/empresa/politicas-de-empresa

Responsabilidad Social Corporativa
http://www.tirant.net/Docs/RSCTirant.pdf

Manual de Prácticas de Psicoendocrinología

2ª Edición

Esperanza González-Bono
Vanesa Hidalgo Calvo
Irene Cano-López
Ferran Suay i Lerma
Alicia Salvador Fernández-Montejo

ALUMNO:

_____

PROFESOR:

_____

GRUPO: _____

CURSO ACADÉMICO: _____

ÍNDICE

INTRODUCCIÓN

Este manual de prácticas se ha diseñado para proporcionar recursos docentes de carácter aplicado para el desarrollo de la asignatura Psicoendocrinología, de carácter obligatorio, en el cuarto curso del Grado de Psicología de la Universitat de València. De acuerdo con el Plan de Estudios vigente en la actualidad, su docencia se imparte a lo largo de un cuatrimestre, con una dedicación de 4,5 créditos ECTS de carácter teórico-práctico. Considerando esta dedicación, es posible que no sea factible la realización de todas las prácticas expuestas en el presente manual. Corresponde al equipo docente seleccionar aquellas que sean más adecuadas para poner en marcha en cada curso, atendiendo a criterios académicos.

De acuerdo con la Guía Académica de la asignatura, "la *Psicoendocrinología es una disciplina psicobiológica que estudia la relación bidireccional entre la actividad del sistema neuroendocrino y la conducta, tanto la observable como la privada, a nivel cognitivo o afectivo. Esta relación se describe en bloques temáticos que aglutinan aspectos metabólicos, evolutivos, sociales y experienciales del individuo. Los conocimientos y destrezas a adquirir en esta asignatura son fundamentales a lo largo de la formación científica e investigadora en Psicología, especialmente en el ámbito de las Neurociencias. Además, permite al estudiante conocer el sustrato neuroendocrino de la conducta humana en los diferentes ámbitos de aplicación de la Psicología con el objeto de mejorar la salud integral del individuo, tanto en sus relaciones interpersonales (vinculaciones afectivas, dinámica de grupos) como en su desarrollo personal (problemas del desarrollo, conducta alimentaria, conducta sexual, estado de ánimo, función cognitiva o el manejo del estrés). Por último, esta asignatura permite al estudiante adquirir competencias necesarias para el trabajo en equipos multidisciplinares en el ámbito de la salud y los recursos humanos."*

El marco Europeo de Educación Superior acentúa la necesidad de adquirir competencias relativas a conocimientos, pero también a "saber hacer", es decir, a que los y las estudiantes sean capaces de aplicar de manera autónoma estos conocimientos a problemas concretos, transferibles a su futuro rol profesional. Con este planteamiento, en el presente manual se pretende proporcionar actividades de diferente duración que contribuyan a la adquisición de competencias planteadas en la Guía Académica de la asignatura y en la Memoria de Verificación de la Titulación.

En el caso de la asignatura Psicoendocrinología, las competencias son las siguientes: a) ser capaz de describir y medir variables (personalidad, inteligencia y otras aptitudes, actitudes, etc.) y procesos cognitivos, emocionales, psicobiológicos y conductuales; b) saber proporcionar retroalimentación a los destinatarios de forma adecuada y precisa; c) ser capaz de elaborar informes orales y escritos; d) conocer y ajustarse a las obligaciones deontológicas de la Psicología; e) conocer los procesos y etapas principales del desarrollo a lo largo del ciclo vital en sus aspectos de normalidad y anormalidad; f) conocer los fundamentos biológicos de la conducta humana y de las funciones psicológicas relacionados con los procesos de pensamiento y de lenguaje; g) demostrar poseer y comprender conocimientos en un área de estudio que parte de la base de la educación secundaria general, y se suele encontrar a un nivel que, si bien se apoya en libros de texto avanzados, incluye también algunos aspectos que implican conocimientos procedentes de la vanguardia de su campo de estudio; h) saber aplicar sus conocimientos a su trabajo o vocación de una forma profesional y poseer las competencias que suelen demostrarse por medio de la elaboración y defensa de argumentos y la resolución de problemas dentro de su área de estudio; i) tener la capacidad de reunir e interpretar datos relevantes (normalmente dentro de su área de estudio) para emitir juicios que incluyan una reflexión sobre temas relevantes de índole social, científica o ética; j) poder transmitir información, ideas, problemas y soluciones a un público tanto especializado como no especializado; k) desarrollar aquellas habilidades de aprendizaje necesarias para emprender estudios posteriores con un alto grado de autonomía; l) ser capaz de describir y medir variables (personalidad, inteligencia y otras aptitudes, actitudes, etc.) y procesos cognitivos, emocionales, psicobiológicos y conductuales; m) ser capaz de identificar diferencias, problemas y necesidades; n) valorar las aportaciones que proporciona la investigación científica al conocimiento y la práctica profesional; ñ) promover e incidir en la salud, calidad de vida y bienestar de los individuos, grupos, comunidades y organizaciones.

Como es de esperar, gran parte de ellas son comunes a otras asignaturas de la Titulación del Grado de Psicología. Esta coherencia entre asignaturas, lejos de ser redundante, es deseable en la medida en que las competencias son aplicables a través de diferentes contenidos que componen las asignaturas y se refuerzan, favoreciendo que el alumnado tenga una visión de conjunto e interrelacione los diferentes procesos psicobiológicos que regulan la conducta.

Para la asignatura de Psicoendocrinología, los contenidos propuestos en la Guía Académica se organizan en 7 temas, de naturaleza teórico-práctica. Estos temas, brevemente descritos, son los siguientes:

Tema 1. *Introducción a la Psicoendocrinología*. En este tema se proporciona información acerca de los antecedentes históricos de la asignatura, así como de las principales técnicas que han contribuido a su desarrollo. En la última parte, se aborda la organización general del sistema endocrino y conceptos que permitan afrontar los siguientes temas, en los que las hormonas se asocian a las diferentes conductas y procesos cognitivos y afectivos.

Tema 2. *Hormonas, homeostasis y metabolismo*. En el presente tema se aborda el papel de las hormonas en el mantenimiento del equilibrio interno del organismo, haciendo especial hincapié en el metabolismo. Por ello, adquiere especial protagonismo el estudio del eje hipotálamo-hipofiso-tiroideo, sin abandonar el papel de otras hormonas, como los esteroides en la regulación de los procesos anabólicos y catabólicos o la insulina y el glucagón para el metabolismo de la glucosa.

Tema 3. *Hormonas, desarrollo y ciclo vital*. En este tema se revisan los efectos organizadores y activadores de las hormonas en periodos críticos del desarrollo, especialmente sobre el desarrollo sexual y la reproducción.

Tema 4. *Hormonas y conducta social*. El tema aborda los aspectos neurales y neuroquímicos de la conducta agresiva y la competición, fundamentalmente con estudios en seres humanos. También se examinan las principales conclusiones de estudios más recientes sobre conductas de afiliación.

Tema 5. *Estrés y adaptación*. Se revisa la respuesta de estrés y su función adaptativa, así como la relevancia de la variable tiempo para que los procesos de estrés puedan ser potencialmente perjudiciales para la salud.

Tema 6. *Hormonas y estado de ánimo*. Aborda los correlatos hormonales de las alteraciones del estado de ánimo, así como los factores que los modulan.

Tema 7. *Hormonas, memoria y aprendizaje.* Examina los mecanismos hormonales subyacentes a procesos de memoria y aprendizaje, tanto en condiciones de salud como de enfermedad. También aborda las relaciones entre los procesos de aprendizaje y procesos abordados en temas anteriores, como el estrés y la emoción, en lugar de entender la cognición como una parcela artificialmente independiente.

Metodológicamente, es especialmente relevante la participación activa del estudiante dado el carácter teórico-práctico de la asignatura. Por ello, se han diseñado diferentes actividades que contribuyan a concienciar acerca de la importancia de los contenidos de la asignatura para la práctica del rol del/la psicólogo/a en todas sus vertientes y de sus implicaciones en la comprensión de la conducta humana y el entorno social. La duración estimada de las actividades es diversa, con algunas cortas y puntuales y otras que se realizarían a lo largo de hora y media, para que puedan ser administradas, a juicio de los y las docentes, de manera intercalada con los contenidos teóricos. Cabe recordar que la asignatura se imparte en el mismo año que el Trabajo de Fin de Grado, por lo que se fomentará la adquisición de competencias que puedan transferirse a esta asignatura y, en último término, al desempeño del rol profesional.

Recientemente, hemos experimentado grandes cambios a nivel social y psicopedagógico que han permitido el desarrollo de nuevas metodologías docentes. Estas metodologías pretenden mejorar la docencia universitaria, enfatizando el protagonismo de los/as alumnos/as en la construcción de su propio aprendizaje. Además, tradicionalmente, ha existido una división entre teoría y práctica en la docencia universitaria. Los actuales planes de estudio permiten superar esta división, artificial en términos formativos, ya que los conocimientos teóricos se requieren para adquirir competencias prácticas y, a su vez, la práctica puede favorecer la adquisición de conocimientos teóricos. Sin embargo, para que esta integración sea efectiva en la dinámica del aula, se requieren actividades que efectivamente integren conocimientos teóricos con habilidades y destrezas y que estimulen el trabajo autónomo del estudiante contemplado en la Guía Académica de la asignatura.

Por ello, se ha potenciado la inclusión de metodologías activas de aprendizaje en la asignatura, que pretenden favorecer la integración entre la teoría y la práctica, haciendo partícipe a los estudiantes en su propio aprendizaje. Entre dichas estrategias se encuentran la puesta en práctica del método del caso, que permite conectar la docencia con la realidad profesional de la Psicología, así como el desarrollo de estrategias de *gamificación* y la potenciación del *alineamiento docente,* que pretenden potenciar la motivación y el interés de los estudiantes en la asignatura y generar vínculos entre los conocimientos teóricos y los prácticos. También se pretende facilitar la integración entre conocimientos, competencias y destrezas, así como favorecer la aplicabilidad de los contenidos, independientemente de su cariz teórico o práctico, a fin de facilitar la conexión de estas competencias con la realidad profesional y social.

Las acciones metodológicas se concretan en las **líneas de actuación estratégica** en nuestra Universidad que son: a) el uso de entornos virtuales de aprendizaje; b) el fomento de participación de los estudiantes en la mejora de los procesos de enseñanza-aprendizaje; c) la realización de actividades que faciliten la conexión de los titulados y las tituladas con el mercado de trabajo, y d) la valoración y la transferencia del conocimiento y la investigación en materia de innovación educativa.

Las nuevas metodologías implementadas incluyen el diseño de una práctica que relaciona diferentes temas del programa para favorecer la relación de competencias y contenidos desde una perspectiva transversal. También se incluye un caso clínico en el que están implicados los procesos hormonales, que aborda competencias propias de la asignatura, como el diagnóstico diferencial, y atingente al desempeño del rol profesional del psicólogo/a. Se pretende, además, utilizar el alineamiento docente como estrategia para fomentar el interés de los/as alumnos/as y la coherencia entre los tres elementos básicos del programa docente (objetivos, tareas y sistema de evaluación). Por último, se utilizará la *gamificación* como estrategia para fomentar la motivación y la consolidación de conocimientos, como la HormOlimpiada. Con ello, se pretende reforzar positivamente el aprendizaje continuo de los/as alumnos/as en un contexto de "juego", premiando su motivación y evitando la frustración de los estudiantes en aquellos casos en los que no se adquieran las competencias de alguno de los temas de la asignatura.

Para la puesta en marcha de estas metodologías son imprescindibles los entornos virtuales que permitan agilidad en la entrega y en la evaluación de las tareas. Así, el estudiante podrá obtener retroalimentación inmediata acerca de los errores cometidos y podrá resolverlos durante el desarrollo de la asignatura, desde una perspectiva formativa de la evaluación. La Universitat de València cuenta para ello con el Aula Virtual, que facilitará el intercambio de información y recursos.

El desarrollo de algunas de estas prácticas y su presentación en este manual ha sido posible gracias al apoyo del Servicio de Formación Permanente e Innovación Educativa de la Universitat de València con la concesión, durante el curso 2017-2018, de un Proyecto de Innovación Educativa para la implantación y renovación de metodologías docentes, titulado "Mejorando la docencia universitaria: introducción de metodologías activas de aprendizaje en la asignatura de Psicoendocrinología" (UV-SFPIE_RMD17-588778). La actualización, traducción y adaptación ha sido posible gracias a la financiación del Servicio de Formación Permanente e innovación Educativa de la Universitat de València con la concesión, durante el curso 2024-2025, de otro Proyecto de Innovación Educativa para la implantación y renovación de metodologías docentes, titulado "La simulación clínica como metodología docente en Ciencias de la Salud: modelos humanos de alteraciones cognitivas y del estado de ánimo (SIMUSALUD) (código UV: 3327468).

Práctica 1. Historia de la Psicoendocrinología

Ubicación en el temario. La presente actividad está ideada para desarrollarse en el Tema 1, en la parte de antecedentes históricos de la asignatura.

Objetivo. El objetivo de la presente práctica es que el/la alumno/a identifique las principales etapas históricas de la Psicoendocrinología para contextualizar los avances e intereses actuales en esta disciplina.

Actividad. A partir de la lectura del artículo que se cita a continuación, responde a las preguntas planteadas.

Artículo: Salvador, A. y Serrano, M.A. (2002). Perspectiva histórica y tendencias de investigación de la Psicoendocrinología. *Revista de Psicología General y Aplicada, 55 (2)*, 285-311. El artículo se encuentra disponible en el siguiente enlace:

https://dialnet.unirioja.es/servlet/articulo?codigo=274701

1. Describe el objeto de estudio de la Psicoendocrinología.

2. Enumera las etapas históricas de la Psicoendocrinología y describe alguna de las características de cada etapa.

    a) _____

    _____

    _____

    b) _____

    _____

    _____

    c) _____

    _____

    _____

3. Describe brevemente cinco de las características de la investigación en Psicoendocrinología durante las décadas de los años 80 y 90.

a) _____
_____

b) _____
_____

c) _____
_____

d) _____
_____

e) _____
_____

4. ¿Cuáles serían las dos revistas especializadas más importantes de esta disciplina en el ámbito internacional?

a) _____

b) _____

5. ¿Qué especies son las más estudiadas en cada una de estas revistas?

a) _____

b) _____

6. ¿Y qué conductas son las más estudiadas en cada una de ellas?

a) _____

b) _____

Práctica 2. Mujeres en la ciencia

 **Ubicación en el temario**. La presente actividad está ideada para desarrollarse en el Tema 1, en la parte de antecedentes históricos de la asignatura.

Planteamiento. Al revisar la historia de la Psicoendocrinología, ¿has visto el nombre de alguna científica? En determinadas épocas, las mujeres en el ámbito científico no eran frecuentes o sus aportaciones no han sido tan mencionadas como en el caso de los hombres. Pero, ¿crees que no ha habido mujeres que aportaran investigaciones sobre hormonas o si las ha habido no han sido igualmente reconocidas? Averígualo.

Objetivo. La presente actividad pretende que el estudiante conozca las aportaciones que las científicas han realizado en el campo de la Psicoendocrinología, como una forma de compensar la escasa presencia de científicas en algunos de los manuales de Historia de la disciplina.

Actividad. Escribe una breve reseña (máximo 300 palabras) sobre la vida y obra de una de estas científicas.

- Amy Elizabeth Kemper Adams (1892–1962) y las hormonas sexuales
- Evelyn M. Anderson (1899–1985) y las secreciones adenohipofisarias (TSH y ACTH)
- Dorothy Price (1899-1980) y la endocrinología de la reproducción
- Sara Borrell Ruiz (1917-1999) y metabolismo hormonal
- Gabriella Morrealle de Castro y la sal yodada (1930-2017)
- Lillian Mary Pickford (1902-2002) y la estimulación eléctrica que producía hormonas
- Mary Ellen Avery (1927–2011) y los glucocorticoides adrenales
- Theodora Emily Decker Colborn (Theo Colborn) (1927–) y los disruptores endocrinos
- Gerty Theresa Radnitz Cori (1896–1957), la glucosa y el metabolismo de los carbohidratos
- Dorothy Crowfoot Hodgkin (1910–1994) y la estructura de la insulina
- Rosalyn Sussman Yalow (1921–2011) y el radioinmunoensayo (RIA)Linda Buck (1947-) y los olores que liberan hormonas en las conductas sexual y reproductiva
- Susan Leeman (1930-) y los péptidos (Sustancia P y neurotensina)
- Susan M. Love (1948-) y los efectos de la terapia hormonal sustitoria sobre el cáncer de mama
- June Reinisch (1943-) y los efectos de las hormonas prenatales en el género y las diferencias sexuales

Científica: _____

Práctica 3. El radioinmunoensayo (RIA)

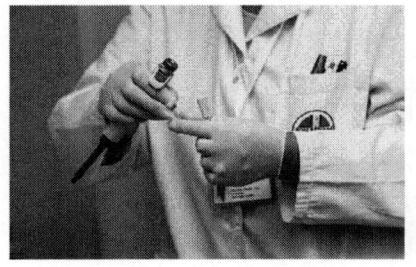

Ubicación en el temario. La presente actividad está ideada para desarrollarse en el Tema 1, en la parte de técnicas de Psicoendocrinología.

Objetivo. Lograr que el/la alumno/a conozca una de las técnicas más utilizadas en Psicoendocrinología en el análisis hormonal, su fundamento y procedimiento.

Fundamento. El RIA es el procedimiento más utilizado para medir los niveles hormonales en diferentes tipos de muestras (suero, saliva, etc.) tanto en el ámbito clínico como en investigación. El principio del RIA es la unión competitiva entre la hormona marcada con un isótopo radioactivo, generalmente el yodo 125 (I^{125}), y la hormona natural que se encuentra en la muestra, por unirse al anticuerpo específico para esa hormona.

La hormona natural se estima indirectamente, ya que lo que se cuenta directamente es la cantidad de radioactividad que emite la hormona marcada. El recuento se realiza con un equipamiento (contador de radiación gamma) que mide la radiación emitida en cuentas por minuto (cpm). Como ambas hormonas, la natural y la marcada, han competido en igualdad de condiciones por unirse al anticuerpo, a más radioactividad en una muestra de un paciente, se entiende que la hormona marcada radioactivamente ha superado a la hormona natural en unirse al anticuerpo, por lo que habría poca cantidad de hormona natural en la muestra. Por el contrario, si la muestra de otro paciente tenía muy poca radiactividad y, por lo tanto, se ha unido muy poco al anticuerpo, es indicativo de que su concentración de hormona natural era muy alta. Resumidamente, siempre hay una correlación negativa entre la cantidad de radioactividad emitida por la muestra y la concentración de hormona natural que había en esa muestra.

Sin embargo, esta correlación no es lineal. La norma que marca la correspondencia entre cantidad de radioactividad que medimos y la concentración de hormona natural se denomina Curva Estándar o Curva Patrón y determina las correspondencias entre la radiación que emiten todas las muestras de pacientes que se incluyen en ese análisis o ensayo y la concentración de hormona natural que esos pacientes tenían. En el análisis, esa Curva Estándar está compuesta por una serie de tubos que contienen el anticuerpo, la hormona marcada radioactivamente y diferentes cantidades de hormona natural, pero en este caso todas las cantidades son conocidas y vienen así etiquetadas en el material fungible del ensayo. Las Curvas Estándar están compuestas por unos 8 ó 10 puntos de curva de los que se sabe qué concentración de hormona natural contienen (desde concentraciones bajas a altas). Sólo queda añadir la hormona marcada y dejarles competir por unirse con el anticuerpo. El resultado es un número de radioactividad por cada punto de curva que se corresponderá con una concentración conocida y determinada y, usando esta correspondencia, se estimará cuál es la concentración de hormona natural de cada paciente en función de la radioactividad que emita.

Además de la Curva Estándar, es habitual incluir tubos de control en los ensayos. Entre estos tubos se encuentran los llamados Totales, que sólo llevan hormona marcada radioactivamente, y cuya anomalía en los niveles podría indicar que el isótopo radioactivo ha caducado (la vida media del I^{125} de 60 días, aprox.). Otros tubos-control son los llamados Blancos, que se han impregnado de radioactividad y posteriormente vaciado para estimar la radioactividad que absorbe el tubo y que, al ser una fuente de error por no ser radioactividad asociada a hormonas, hay que restar del resto de tubos del ensayo. También se incluyen otros controles de muestras determinadas en análisis anteriores para comprobar la repetibilidad y otras posibles fuentes de error.

Generalmente, todos los tubos (Totales, Blancos, Controles, puntos de curva y muestras de pacientes) se incluyen al menos dos veces y, en el caso de algunos puntos de la curva especialmente sensibles como los pertenecientes a concentraciones bajas, más veces. Estas repeticiones se realizan para aumentar la validez de las determinaciones. La discrepancia entre los diferentes tubos de una misma determinación se mide mediante el coeficiente de variación (% CV) y es un porcentaje indicativo de error en el pipeteo de la muestra o de cualquier otra incidencia. Así, a mayor coeficiente de variación, mayor error. Su importancia varía en función de dónde se produce. Si se produce en la muestra de un paciente, debería repetirse la determinación porque no es fiable. Si se produce en un punto de la curva, todas las determinaciones de muestras de pacientes con concentraciones similares a la alterada han podido verse comprometidas.

Actividad. Identificar los principales componentes del RIA sobre el output de un análisis hormonal y contestar a las preguntas del formulario.

T: Totales (radiación máxima)
N: Blancos (radiación mínima): nos informan de cuánta radioactividad absorbe el material del tubo.
S: Standard (los puntos de la Curva Estándar).
C: Controles (radiación aleatoria): nos informan de repetibilidad y otros errores posibles.
U: pacientes.

DATOS DE LA CURVA ESTÁNDAR

Tipo	Posición	CPM	Eje Y	Concentración calculada	Concentración real
Total 1	1-1	16893			
Total 2	1-2	16708			
Media		16800	%CV: 0.78		
NSB	1-3	84			
NSB	1-4	91			
NSB	1-5	148			
NSB	1-6	146			
Media		115	%CV: 32.38		
STD 1	1-7	7908	1.035	0.00004	0.0000
STD 1	1-8	7740	1.003	0.001684	0.0000
STD 1	1-9	7424	0.9977	0.003403	0.0000
STD 1	1-10	7470	0.9938	0.003187	0.0000
STD 1	1-11	7664	0.9904	0.003410	0.0000
Media		%CV: 1.49	1.004	0.002345	
STD 2	1-12	1378	0.1443	4.701	5.000
STD 2	1-13	1371	0.1938	5.386	5.000
STD 2	1-14	1340	0.1413	4.933	5.000
Media		%CV: 4.10	0.1598	5.007	
STD 3	1-15	1976	0.2448	2.483	2.500
STD 3	1-16	1984	0.2459	2.466	2.500
STD 3	1-17	1935	0.2394	2.571	2.500
Media		%CV: 1.33	0.2434	2.506	
STD 4	1-18	2884	0.3643	1.315	1.250
STD 4	2-1	3028	0.3832	1.199	1.250
STD 4	2-2	2991	0.3783	1.228	1.250
Media		%CV: 2.51	0.3752	1.247	
STD 5	2-3	3658	0.4661	0.7923	0.8300
STD 5	2-4	3552	0.4521	0.8504	0.8300
STD 5	2-5	3570	0.4545	0.8403	0.8300
Media		%CV: 1.58	0.4576	0.8276	
STD 6	2-6	4337	0.5553	0.4986	0.5000
STD 6	2-7	4356	0.5578	0.4921	0.5000
STD 6	2-8	4274	0.5471	0.5205	0.5000
Media		%CV: 0.99	0.5534	0.5037	
STD 7	2-9	5482	0.7060	0.2175	0.2500
STD 7	2-10	5283	0.6798	0.2543	0.2500
STD 7	2-11	5640	0.7267		0.2500
Media		%CV: 2.62	0.6929	0.2359	
STD 8	2-12	6019	0.7766	0.1356	0.1250
STD 8	2-13	6026	0.7775	0.1347	0.1250
STD 8	2-14	6253	0.8074	0.1065	0.1250
Media		%CV: 2.18	0.7871	0.1256	
STD 9	2-15	6853	0.8863	0.04255	0.05000
STD 9	2-16	6876	0.8894	0.04000	0.05000
STD 9	2-17	6789	0.8779	0.04930	0.05000
Media		%CV: 0.66	0.8845	0.04395	
STD 10	2-18	7179	0.9292	0.01367	0.02500
STD 10	3-1	6848	0.8857	0.04305	0.02500
STD 10	3-2	6893	0.8915	0.03819	0.02500
Media		%CV: 2.58	0.9022	0.03164	

1. ¿Qué cantidad media de radiación tienen los totales en este RIA? _____

2. ¿Qué cantidad media de radiación tienen los blancos en este RIA? _____

3. ¿Cuántos puntos de la curva hay en el ensayo y de qué concentraciones son? _____

4. ¿Qué concentraciones teóricas y calculadas medias tienen los estándares 3, 4, 5, 6, 7, 8, 9 y 10?

Estándar	Concentración teórica	Concentraciones calculadas medias
Std 3		
Std 4		
Std 5		
Std 6		
Std 7		
Std 8		
Std 9		
Std 10		

5. ¿Ha sido preciso? ¿En qué estándares ha sido menos preciso? ¿Por qué?

6. A continuación, se presenta una tabla con dos columnas. Completa la primera columna con las concentraciones teóricas de la curva estándar del RIA y la segunda columna con las cuentas de radioactividad que emiten (los tres valores para cada estándar).

Estándar	Concentración teórica	Cuentas de radiación (raw data)
Std 3		
Std 4		
Std 5		
Std 6		
Std 7		
Std 8		
Std 9		
Std 10		

7. A partir de los datos de la tabla anterior, ¿qué observas? Razona la respuesta.

MUESTRAS DE PACIENTES

TYPE	POSITION	RAW DATA	Y AXIS	CONCENTRATION	95% CONF.	
CONTROL1	3-3	4517	0.5791	4.403		
CONTROL1	3-4	4427	0.5672	4.686		
AVERAGE	%CV:	1.43	0.5731	4.544	+/-	0.3006
CONTROL2	3-5	2638	0.3319	15.43		
CONTROL2	3-6	2642	0.3324	15.39		
AVERAGE	%CV:	0.09	0.3321	15.41	+/-	0.6265
SAMPLE1	3-7	2824	0.3563	13.68		
SAMPLE1	3-8	2887	0.3647	13.13		
AVERAGE	%CV:	1.57	0.3605	13.40	+/-	0.5727
SAMPLE2	3-9	1623	0.1983	35.03		
SAMPLE2	3-10	1608	0.1964	35.63		
AVERAGE	%CV:	0.66	0.1974	35.33	+/-	1.630
SAMPLE3	3-11	2488	0.3121	17.04		
SAMPLE3	3-12	2627	0.3304	15.54		
AVERAGE	%CV:	3.84	0.3213	16.29	+/-	0.6522
SAMPLE4	3-13	1902	0.2351	26.46		
SAMPLE4	3-14	1900	0.2348	26.52		
AVERAGE	%CV:	0.09	0.2349	26.49	+/-	1.115
SAMPLE5	3-15	3505	0.4460	8.774		
SAMPLE5	3-16	3644	0.4642	7.998		
AVERAGE	%CV:	2.75	0.4551	8.386	+/-	0.4456
SAMPLE6	3-17	2377	0.2976	18.37		
SAMPLE6	3-18	2369	0.2965	18.48		
AVERAGE	%CV:	0.24	0.2971	18.42	+/-	0.7231
SAMPLE7	4-1	2438	0.3056	17.62		
SAMPLE7	4-2	2447	0.3068	17.52		
AVERAGE	%CV:	0.26	0.3062	17.57	+/-	0.6937
SAMPLE8	4-3	2176	0.2711	21.21		
SAMPLE8	4-4	2082	0.2588	22.78		
AVERAGE	%CV:	3.12	0.2650	22.00	+/-	0.8668
SAMPLE9	4-5	5725	0.7380	1.776		
SAMPLE9	4-6	5605	0.7222	1.967		
AVERAGE	%CV:	1.50	0.7301	1.871	+/-	0.1849
SAMPLE10	4-7	3530	0.4492	8.633		
SAMPLE10	4-8	3669	0.4675	7.864		
AVERAGE	%CV:	2.74	0.4584	8.248	+/-	0.4416
SAMPLE11	4-9	4509	0.5780	4.426		
SAMPLE11	4-10	4701	0.6032	3.876		
AVERAGE	%CV:	2.94	0.5906	4.151	+/-	0.2821

8.   En el output de las muestras de pacientes, fíjate en la muestra del paciente 4. ¿Cuántas concentraciones ves? Pon su concentración media y su coeficiente de variación.

Concentraciones: _____

Concentración media: _____

Coeficiente de variación: _____

9.   ¿Qué significa que el coeficiente de variación de un paciente/sujeto sea muy alto?

10. ¿qué habría que hacer en ese caso?

Práctica 4. Identifica hormonas y glándulas

Ubicación en el temario. La presente actividad está ideada para desarrollarse en el Tema 1, en la parte de organización general del sistema endocrino.

Objetivo. El objetivo de la presente práctica es que el/la alumno/a identifique diferentes hormonas y glándulas estudiadas en el Tema 1 de la asignatura, así como el mecanismo de acción celular de dichas hormonas.

Actividad. Completa los siguientes recuadros que se presentan a continuación.

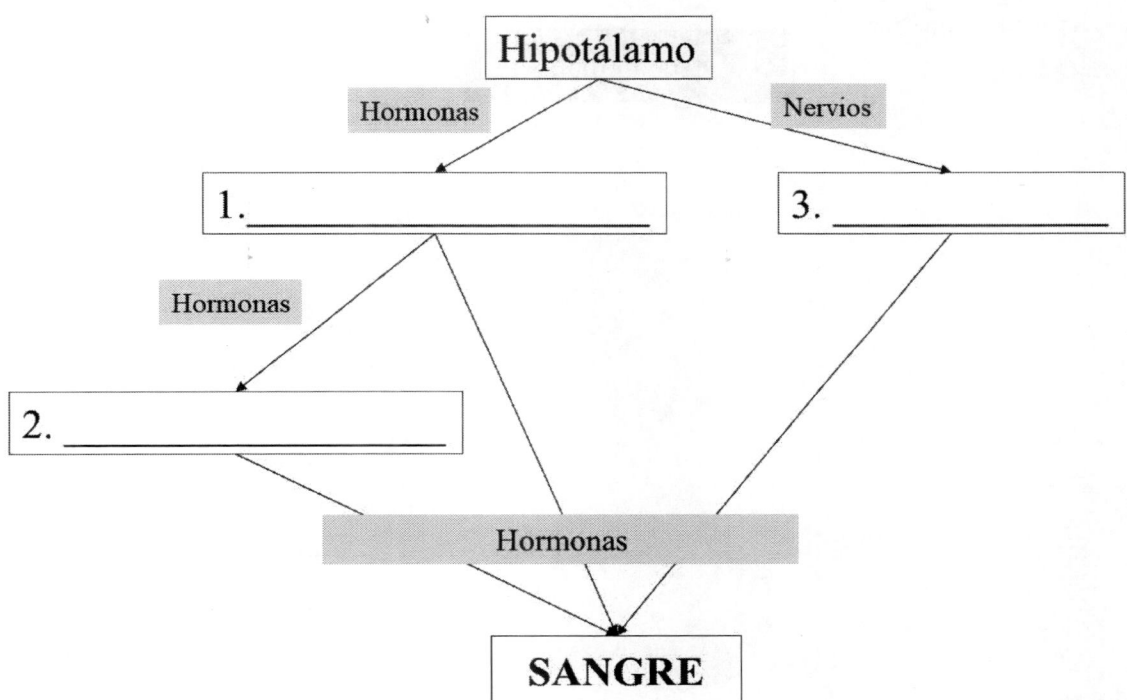

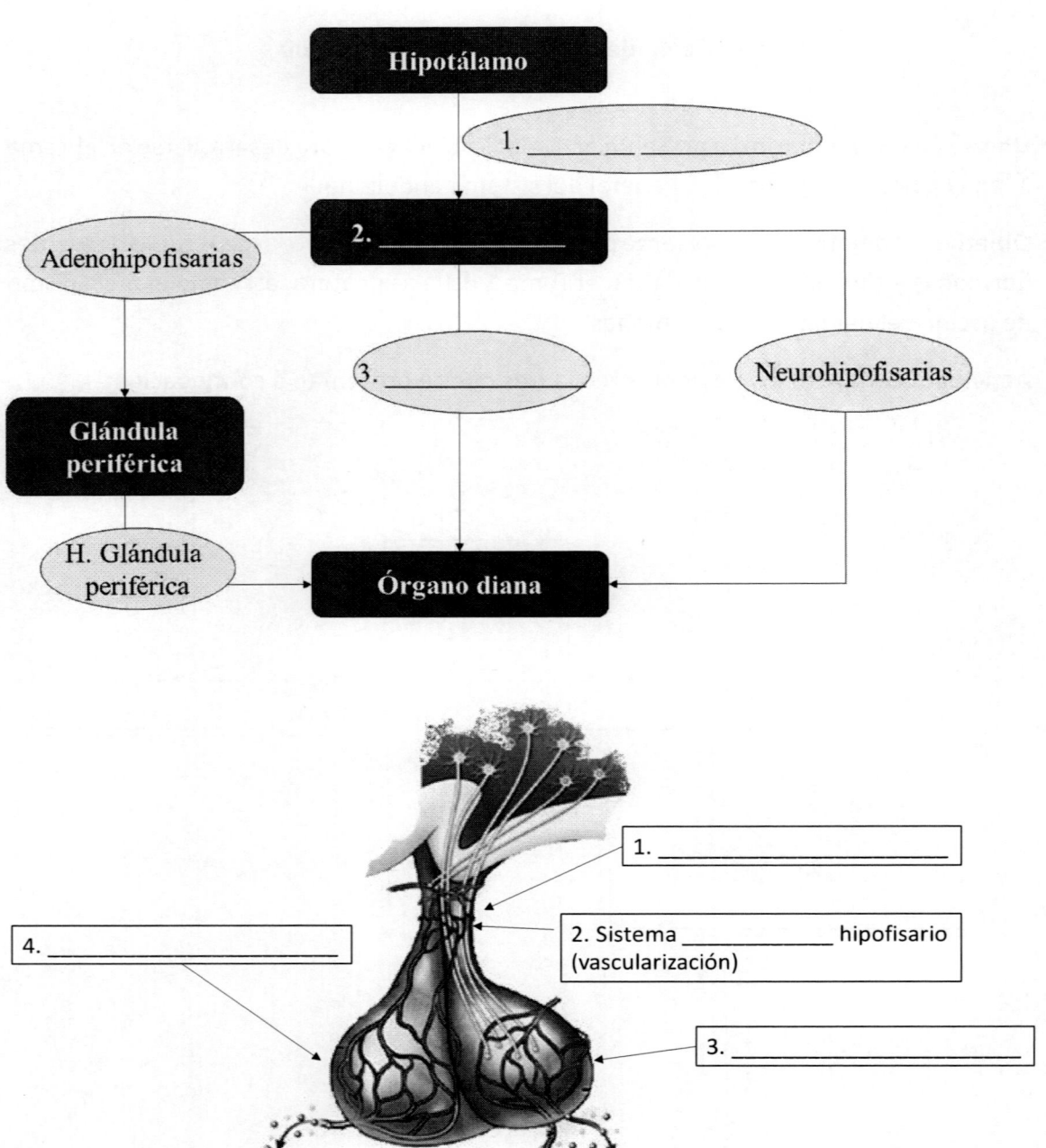

Hipotálamo

1. _____ __ _____

2. _____

Adenohipofisarias

Neurohipofisarias

3. _____

Glándula periférica

Órgano diana

H. Glándula periférica

1. _____

2. Sistema _____ hipofisario (vascularización)

4. _____

3. _____

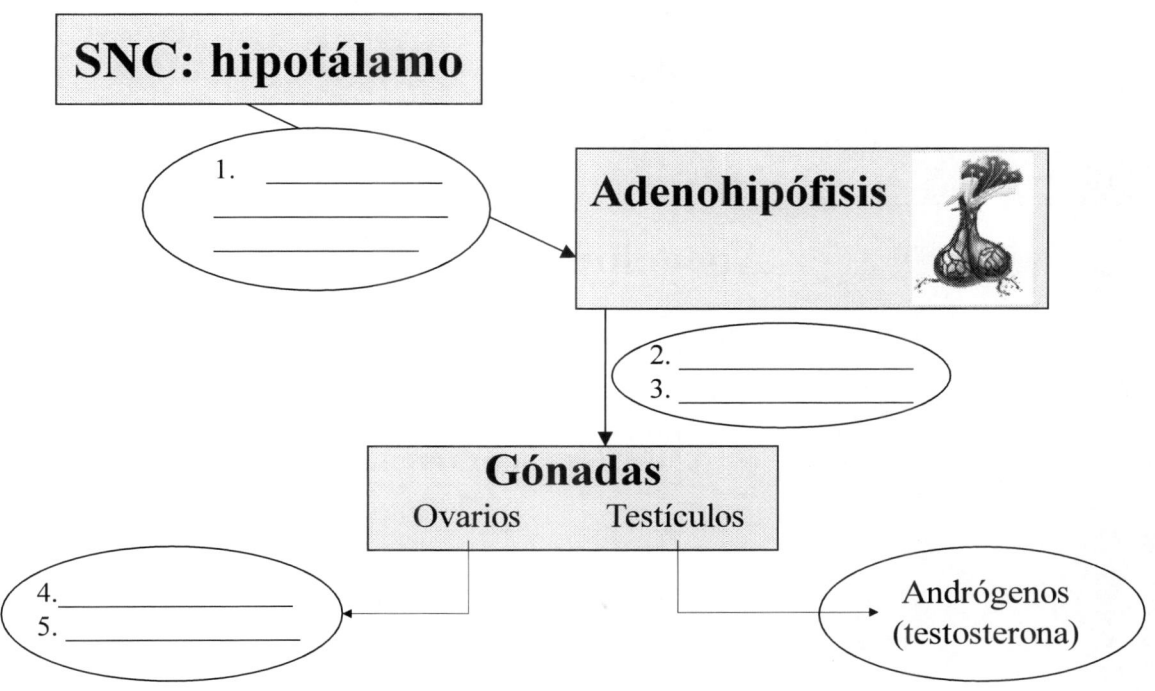

SNC: hipotálamo

1. _____
_____
_____

Adenohipófisis

2. _____
3. _____

Gónadas
Ovarios   Testículos

4._____
5. _____

Andrógenos
(testosterona)

Retroalimentación

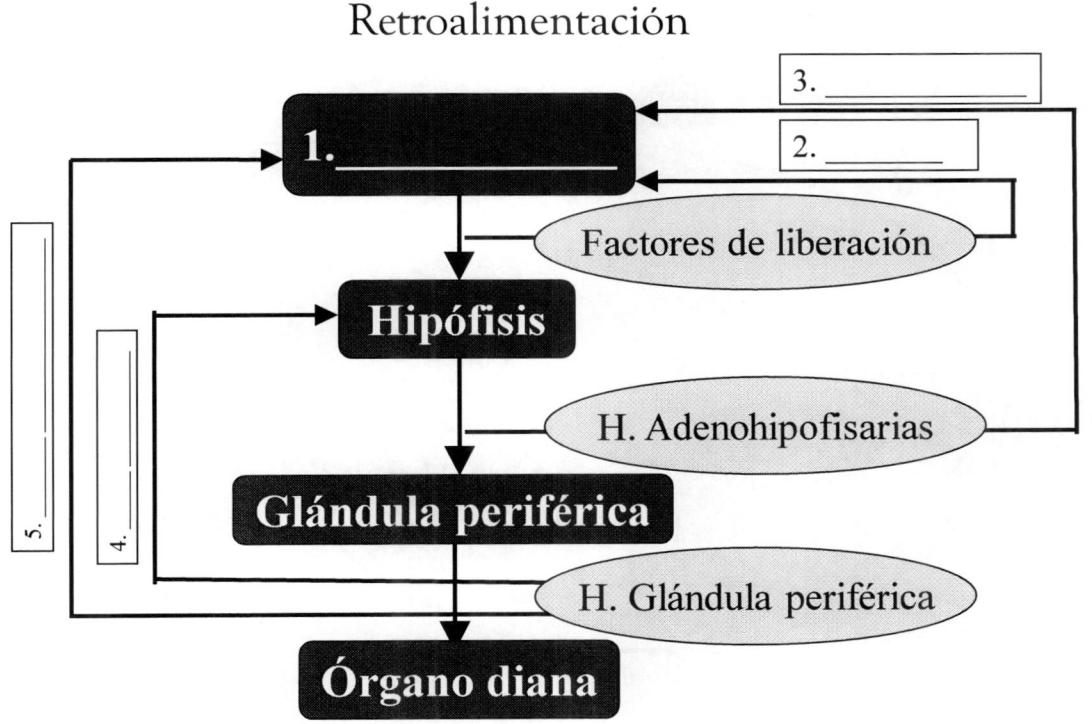

3. _____

1. _____

2. _____

Factores de liberación

Hipófisis

H. Adenohipofisarias

Glándula periférica

H. Glándula periférica

Órgano diana

5. _____

4. _____

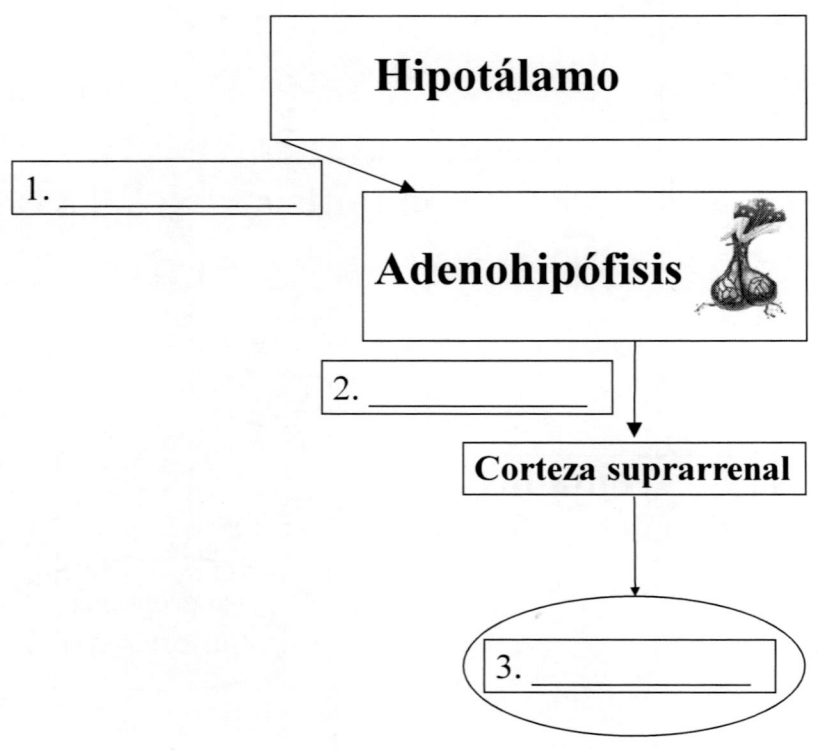

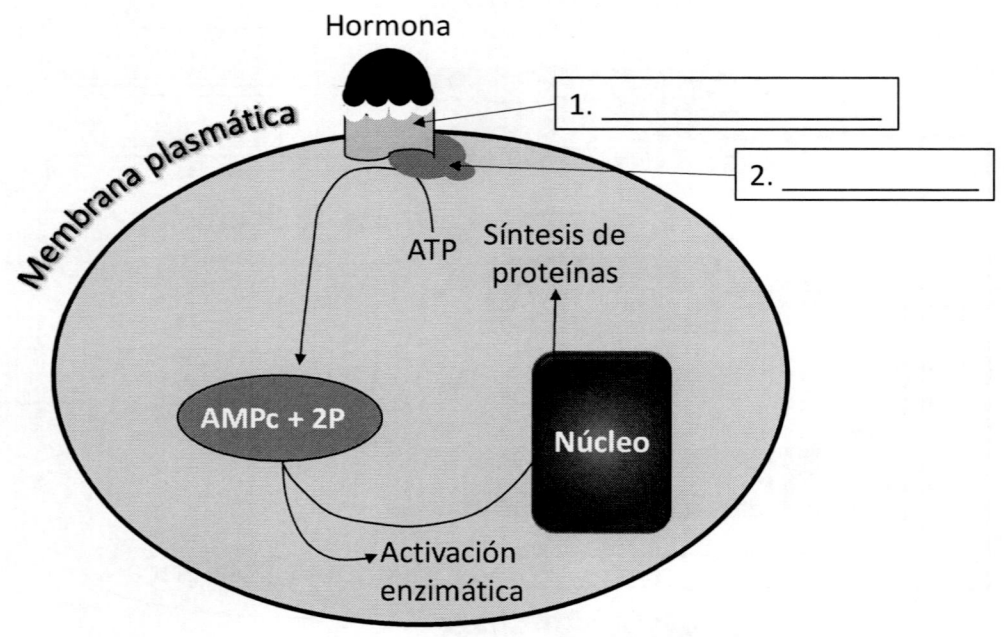

Mecanismo de acción celular de las hormonas _____: la hormona llega a la membrana plasmática y se une al _____ mediante el modelo llave-cerradura. Esta unión activa una _____ que cataliza la desintegración de las moléculas de ATP en AMP cíclico y fosfato. Esta reacción favorece la activación enzimática y la síntesis proteica por el material genético del núcleo celular.

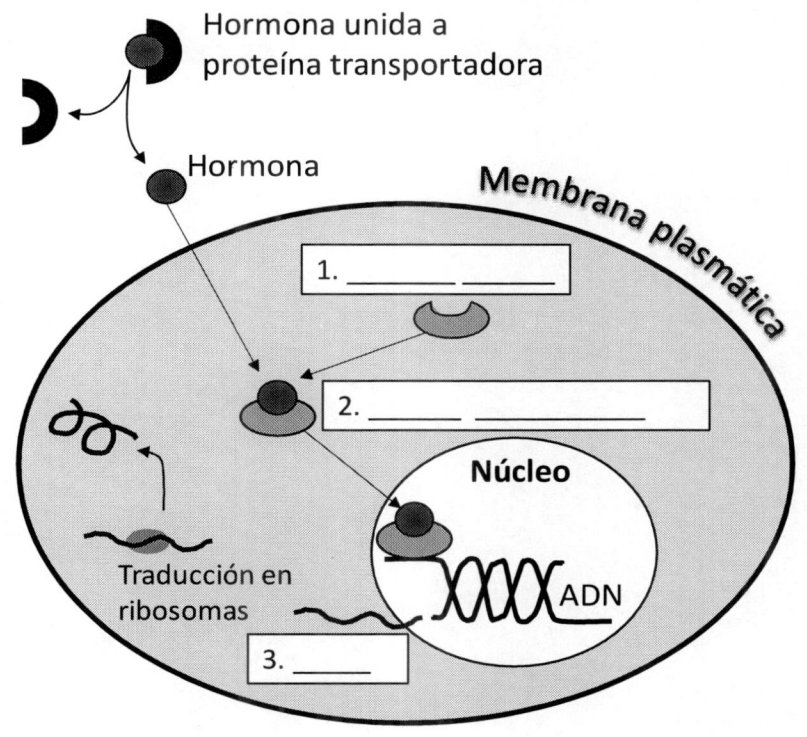

Hormona unida a proteína transportadora

Hormona

Membrana plasmática

1. _____ _____

2. _____ _____

Núcleo

ADN

Traducción en ribosomas

3. _____

Mecanismo de acción de las hormonas _____: la hormona atraviesa la membrana plasmática por difusión y, una vez en el citoplasma celular, se une a un _____, formando el _____ _____ _____. Esta nueva conformación accede fácilmente al núcleo celular favoreciendo la transcripción de ADN a _____.

Práctica 5. El eje hipotálamo-hipofiso-tiroideo y el metabolismo

Ubicación en el temario. En el temario, esta práctica se ubica en los contenidos de los Temas 1 y 2 y, por lo tanto, debería ser realizada en la parte final del Tema 2.

Objetivo. La presente práctica pretende que el estudiante aprenda el funcionamiento de los ejes endocrinos, en especial del eje hipotálamo-hipofiso-tiroideo y su papel en el metabolismo basal. Asimismo, se pretende que considere la estrategia de los experimentos de la práctica como una técnica psicoendocrinológica.

Desarrollo. La práctica consiste en la realización de una serie de actividades de simulación en ratas de laboratorio, mediante el software PhysioEx 9.1. La práctica se llevará a cabo en un laboratorio informático en el que existe un ordenador por cada dos estudiantes. Durante la clase, los/as alumnos/as recogerán datos sobre la tasa metabólica de la rata y los descargarán en la Tabla que se les proporciona para ello. Posteriormente, y una vez cumplimentada toda la Tabla, deberán contestar las preguntas de manera razonada y entregarla, mediante la tarea que ha sido preparada para tal efecto en el Aula Virtual. En los casos excepcionales en los que no diera tiempo a cumplimentar la Tabla durante la clase, podrá completarse en la Unidad de Laboratorios en el horario establecido de atención al público. En los casos en que no diera tiempo a responder a todas las preguntas durante el periodo de clase presencial, la tarea puede terminarse de manera autónoma sin requerir acceder a la aplicación, ya que las preguntas pueden responderse con los datos de la Tabla.

Fundamento. Como se explica en clase, el correcto funcionamiento del eje hipotálamo-hipofiso-tiroideo (HHT) es fundamental para el mantenimiento de la Tasa Metabólica Basal (TMB). Un indicador de esta TMB es la respiración. En este experimento vas a estimar la respiración de las ratas en ml de oxígeno (O_2) por kilo de peso y hora. Para ello tendrás que pesar a la rata y medir el volumen de oxígeno que respira a través de un sistema de émbolos durante un minuto. Puedes encontrar más información sobre la TMB en el enlace de la Organización Mundial de la Salud: http://www.fao.org/docrep/006/w0073s/w0073s0c.htm. Después, sólo tendrás que pasarlo a las unidades correctas, para lo que te ayudará la configuración de la Tabla y las siguientes fórmulas:

$$\frac{ml\ O_2\ consumido}{1\ minuto} \times \frac{60\ minutos}{1\ hora} = ml\ O_2/hr$$

$$TMB = \frac{ml\ O_2/hr}{Peso\ (Kg)} = \underline{\qquad}\ ml\ O_2/Kg/hr$$

En este experimento vas a medir de esta manera la TMB de una rata sana, una rata tiroidectomizada (Tx) y una rata hipofisectomizada (Hypox). Además, vas a poder administrarles diversos fármacos mediante las jeringas que observas en la parte superior, para ver su efecto sobre la TMB de las tres ratas. Una jeringa contiene Tiroxina (Thyroxine), otra TSH y otra propiltiuracilo. Las dos primeras son dos formas de terapia hormonal sustitutoria y el propiltiuracilo es un fármaco que inhibe la producción de tiroxina bloqueando la incorporación del yodo a la hormona.

A continuación, tienes las instrucciones para manejar la aplicación y poder realizar la práctica.

Instrucciones:

1. Arrastra la rata sana hasta la cámara para medir su TMB.
2. Pulsa en Pesar (Weight) para determinar el peso de la rata.
3. Pulsa en la pinza del tubo de la izquierda (parte superior de la cámara) para cerrarla. Esto evitará que el aire exterior entre en la cámara y garantiza que el único oxígeno que respira la rata es el oxígeno existente dentro del sistema cerrado.
4. El tiempo fijado en el temporizador debe ser de un minuto. Pulsa en el botón Iniciar (Start), situado debajo del cronómetro, para medir la cantidad de oxígeno consumido por la rata en un minuto. Observa qué sucede con los niveles de agua en el manómetro a medida que avanza el tiempo.
5. Pulsa sobre el conector en forma de T para conectar el manómetro y la jeringa.
6. Pulsa sobre la pinza del tubo de la izquierda (parte superior de la cámara) para que se abra y que la rata pueda respirar aire del exterior.
7. Observa la diferencia entre el nivel de los brazos izquierdo y derecho del manómetro. Estima el volumen de O_2 que tendrás que inyectar para que los niveles de los dos brazos del manómetro se igualen. Este volumen es equivalente a la cantidad de oxígeno que ha consumido la rata durante un minuto en la cámara sellada. Pulsa el botón (+) situado junto al indicador de ml O_2 hasta llegar al volumen estimado. Luego pulsa en Inyectar (Inject) y observa lo que ocurre con el fluido en los dos brazos. Cuando los niveles se hayan igualado, aparecerá la palabra "nivel" (level) y permanecerá en pantalla. Si no se ha inyectado suficiente oxígeno, la palabra "nivel" no aparecerá. Entonces pulsa otra vez en el botón (+) para aumentar el volumen y haz clic en Inyectar (Inject) de nuevo. Si se ha inyectado demasiado oxígeno, la palabra "nivel" parpadea y luego desaparece. Pulsa en el botón (—) para bajar el volumen y pulsa en Inyectar (Inject) de nuevo. Pulsa en Guardar datos (Record Data) cuando los niveles se igualen.
8. Calcula el consumo de oxígeno por hora de esta rata mediante las ecuaciones que se te han proporcionado. Anota el resultado de consumo de oxígeno por

hora en el campo que aparece a continuación y pulsa en Enviar (Submit) para registrar tus resultados en el informe final de laboratorio.

9. Ahora que has calculado el consumo de oxígeno por hora para esta rata, debes calcular la tasa metabólica por kilogramo de peso corporal con la ecuación que se te ha proporcionado anteriormente (ten en cuenta que para usar esta ecuación necesitas convertir los datos de peso, es decir, pasar de gramos a kilos).

10. Anota el resultado de la tasa metabólica en el campo que aparece a continuación y pulsa en Enviar (Submit) para registrar tu resultado en el informe final de laboratorio.

11. Arrastra la rata desde la cámara hasta su jaula y luego pulsa en Restaurar (Restore) para restablecer el estado inicial del aparato.

12. Ahora vas a realizar la actividad 2, es decir, la determinación del efecto de la tiroxina sobre la TMB de las tres ratas. Arrastra la jeringa con tiroxina hasta las extremidades posteriores de la rata sana. Suelta el botón del ratón para inyectar tiroxina a la rata. En esta simulación, los efectos de la inyección son inmediatos (En una situación real de laboratorio, se tendría que inyectar tiroxina a las ratas diariamente durante 1-2 semanas).

13. Ahora vuelve a repetir la operación de pesar la rata, medir la cantidad de oxígeno consumido por las ratas en un minuto, el consumo de oxígeno por hora y la tasa metabólica de la rata para todas las ratas y anota los resultados en la Tabla.

14. Arrastra la rata desde la cámara para devolverla a su jaula y luego pulsa en Limpiar (Clean) para eliminar los restos de tiroxina en la rata y limpiar la jeringa. (En esta simulación, la tiroxina se elimina al instante. En una situación real de laboratorio, la eliminación total de la tiroxina llevaría semanas o exigiría usar otra rata).

15. Repite los pasos explicados anteriormente con la rata tiroidectomizada (Tx) e hipofisectomizada (Hypox). Anota tus resultados en la Tabla.

Tabla. Determinar el metabolismo basal de una rata normal, otra tiroidectomizada y otra hipofisectomizada, completando la siguiente tabla.

	Rata sana	Rata tiroidectomizada	Rata hipofisectomizada
Datos de referencia			
Peso			
Ml de O_2 en 1 min			
Ml de O_2 por hora			
Metabolismo basal			
Con tiroxina			
Peso			
Ml de O_2 en 1 min			
Ml de O_2 por hora			
Metabolismo basal			
Con TSH			
Peso			
Ml de O_2 en 1 min			
Ml de O_2 por hora			
Metabolismo basal			
Con propiltiouracilo			
Peso			
Ml de O_2 en 1 min			
Ml de O_2 por hora			
Metabolismo basal			

Técnicas. Explica qué técnica o técnicas de Psicoendocrinología se han aplicado en la presente práctica y justifica tu respuesta.

Actividad 1. Responde a las siguientes preguntas en función de los datos de la Tabla:

a) ¿Qué diferencias existieron entre los metabolismos basales de las tres ratas?

b) ¿Por qué se diferenciaron los metabolismos basales?

c) Si un animal ha sido tiroidectomizado, ¿qué hormonas desaparecerían de su sangre?

d) Como resultado de las hormonas desaparecidas, ¿cuál sería el efecto global sobre el organismo?

e) ¿Cómo tratarías a un animal tiroidectomizado para que funcionase como un animal sano?

f) ¿Qué efectos esperarías observar en los niveles hormonales de un animal que ha sido hipofisectomizado?

g) ¿Cuál sería el efecto de una hipofisectomía sobre el metabolismo de un animal?

Actividad 2. Efecto de la tiroxina sobre el metabolismo basal

Observando los datos de la tabla, responde a las siguientes preguntas:

a) ¿Cuál fue el efecto de la tiroxina sobre el metabolismo basal de una rata sana? ¿Cómo es este metabolismo basal en comparación con el de una rata sana sin tiroxina?

b) ¿Por qué se observó este efecto?

c) ¿Cuál fue el efecto de la tiroxina sobre el metabolismo basal de una rata tiroidectomizada? ¿Cómo es este metabolismo basal en comparación con el de una rata tiroidectomizada sin tiroxina?

d) ¿Por qué se observó este efecto?

e) ¿Cuál fue el efecto de la tiroxina sobre el metabolismo basal de una rata hipofisectomizada? ¿Cómo es este metabolismo basal en comparación con el de una rata hipofisectomizada sin tiroxina?

f) ¿Por qué se observó este efecto?

Actividad 3. Determinando el efecto de la TSH sobre el metabolismo basal

a) ¿Cuál fue el efecto de la TSH sobre el metabolismo basal de una rata sana? ¿Cómo es este metabolismo basal en comparación con el de una rata sana sin tiroxina?

b) ¿Por qué se observó este efecto?

c) ¿Cuál fue el efecto de la TSH sobre el metabolismo basal de una rata tiroidectomizada? ¿Cómo es este metabolismo basal en comparación con el de una rata tiroidectomizada sin tiroxina?

d) ¿Por qué se observó este efecto?

e) ¿Cuál fue el efecto de la TSH sobre el metabolismo basal de una rata hipofisectomizada? ¿Cómo es este metabolismo basal en comparación con el de una rata hipofisectomizada sin tiroxina?

f) ¿Por qué se observó este efecto?

Actividad 4. Determinando el efecto del propiltiouracilo sobre el metabolismo basal.

a) ¿Cuál fue el efecto del propiltiouracilo sobre el metabolismo basal de una rata sana? ¿Cómo es este metabolismo basal en comparación con el de una rata sana sin tiroxina?

b) ¿Por qué se observó este efecto?

c) ¿Cuál fue el efecto del propiltiouracilo sobre el metabolismo basal de una rata tiroidectomizada? ¿Cómo es este metabolismo basal en comparación con el de una rata tiroidectomizada sin tiroxina?

d) ¿Por qué se observó este efecto?

e) ¿Cuál fue el efecto del propiltiouracilo sobre el metabolismo basal de una rata hipofisectomizada? ¿Cómo es este metabolismo basal en comparación con el de una rata hipofisectomizada sin tiroxina?

f) ¿Por qué se observó este efecto?

Práctica 6. Disruptores endocrinos y reproducción

Ubicación en el temario. Esta práctica puede relacionarse con los contenidos del Tema 3, relativos a conducta reproductiva.

Objetivo. Lograr que el estudiantado conciba la reproducción como un proceso sujeto a factores del individuo y del entorno. Asimismo, se pretende que conozca el concepto de disruptor endocrino y sus implicaciones.

Fundamento. Los disruptores endocrinos son sustancias químicas capaces de alterar el equilibrio hormonal mediante diferentes vías. Pueden tener implicaciones sobre la salud, cuyos síntomas varían en función del sistema hormonal que afectan. Puedes encontrar más información en la página web del Ministerio de Derechos Sociales, Consumo y Agenda 2030, en el siguiente enlace:

https://www.aesan.gob.es/AECOSAN/web/noticias_y_actualizaciones/noticias/2019/d isruptores_endocrinos.htm

A continuación, tienes datos parciales sobre la capacidad reproductora de diversas colmenas de abejas. Estos datos son reales y corresponden a parte de los datos de un estudio publicado, cuya referencia encontrarás al final de esta actividad. A un grupo de ellas se les ha administrado una sustancia inocua, es el grupo control. A otro grupo se le ha administrado un pesticida de tipo neonicotinoide, con una combinación de compuestos similar a la que se utiliza en los pesticidas para las plantas.

En la primera columna se encuentra el código de cada abeja, en la segunda columna se especifica el tratamiento recibido por cada abeja (control o pesticida), y en la tercera columna encontrarás este mismo tratamiento, pero codificado categóricamente para poder realizar comparaciones. Posteriormente, encontrarás el volumen total de espermatozoides (en millones por 500 µl de semen) para cada abeja y, de todos ellos, el número de millones de espermatozoides vivos y funcionales.

Sujeto	Tratamiento	Tto. con NCSS	Cantidad de esperma en millones	Millones de espermatozoides vivos
169	Control	1	3.3625	3.026182
170	Control	1	1.3625	1.057766
171	Control	1	4.725	3.302065
172	Control	1	2.65	2.63037
173	Control	1	3.2125	3.028475
174	Control	1	3.4375	3.240586
127	Control	1	1.8625	1.585761
128	Control	1	1.8	1.528614
129	Control	1	0.125	0.109404
130	Control	1	3	2.607556
131	Control	1	3	2.232584
132	Control	1	1.2625	1.144545
134	Control	1	2.55	1.866286
71	Control	1	2.4125	1.085435
70	Control	1	1.0125	0.917163
69	Control	1	3.375	3.037431
68	Control	1	3.7625	2.920989
Media del grupo				
16	Pesticida	2	0.7875	0.671343
19	Pesticida	2	0.55	0.529238
17	Pesticida	2	2.0125	1.896892
21	Pesticida	2	0.3125	0.20214
22	Pesticida	2	2.425	2.264194
23	Pesticida	2	1.175	1.071483
24	Pesticida	2	2.3375	1.968871
25	Pesticida	2	0.1375	0.06875
26	Pesticida	2	3.775	3.459582
33	Pesticida	2	1.9625	1.798906
104	Pesticida	2	2.6875	2.598269
34	Pesticida	2	1.475	1.394775
35	Pesticida	2	1.5125	1.16145
36	Pesticida	2	0.5875	0.545318
20	Pesticida	2	3.1	2.661958
101	Pesticida	2	0.6125	0.510809
103	Pesticida	2	0.55	0.465918
99	Pesticida	2	1.7375	1.39
38	Pesticida	2	0.3125	0.206101
98	Pesticida	2	0.6125	0.590467
Media del grupo				

Actividad. Contesta a las siguientes preguntas a partir de la información proporcionada en la tabla anterior.

1. Calcula la media de cada variable para el grupo control y para el grupo con pesticidas. Puedes copiar los datos e incluirlos en una base de datos (Excel o SPSS). Haz una gráfica con barras en la que se compare la media de ambos grupos.

2. ¿Qué observas?

3. ¿Qué implicaciones tiene para el ecosistema?

Para más información sobre el estudio completo, por favor, consulta el siguiente artículo que encontrarás con libre acceso en el enlace del doi (digital object identifier):

Straub, L., Villamar-Bouza, L., Bruckner, S., Chantawannakul, P., Gauthier, L., Khongphinitbunjong, K., Retschnig, G., Troxler, A., Vidondo, B., Neumann, P., & Williams, G. R. (2016). Neonicotinoid insecticides can serve as inadvertent insect contraceptives. *Proceedings Biological Sciences, 283*(1835), 20160506. https://doi.org/10.1098/rspb.2016.0506

También puedes encontrar información de tipo divulgativo, relacionada con este tema, en el artículo del periódico EL PAÍS Ciencia que encontrarás en el siguiente enlace:

https://elpais.com/elpais/2018/04/27/ciencia/1524820889_326685.html

Práctica 7. Masculinización y testosterona prenatal

Ubicación en el temario. Esta práctica puede relacionarse con los contenidos del Tema 3 relativos a los efectos de las hormonas sexuales.

Objetivo. Lograr que el estudiantado constate las implicaciones de los niveles hormonales en etapas críticas del desarrollo.

Fundamento. Los niveles de testosterona prenatal pueden tener un poderoso efecto masculinizante sobre las características físicas postnatales. De hecho, el periodo prenatal es considerado como un periodo crítico para los efectos de diversas hormonas, incluyendo las hormonas sexuales y los glucocorticoides, entre otras. Un ejemplo de ello son los resultados de diversos estudios sobre la longitud de los dedos (ratio D2:D4) tanto en animales como en seres humanos. Sin embargo, la mayoría de los estudios con seres humanos presentan un planteamiento correlacional y no se ha probado directamente la relación causal entre la exposición prenatal a hormonas sexuales y la longitud de los dedos. En la presente práctica vas a disponer de datos reales de un estudio que relaciona los niveles prenatales de testosterona con la estructura facial de personas adultas. Para ello, en el estudio se realizó un seguimiento de 20 años de 97 hombres y 86 mujeres, a los que se les había medido la concentración de testosterona en el cordón umbilical. Cuando eran adultos (rango de edad de 21-24 años), se les registraron tres imágenes faciales y se midieron 6 distancias entre parámetros faciales que se consideran claramente distintivos entre hombres y mujeres adultos. A partir de estas distancias se calculó una puntuación típica de género (PTG) para cada una de las caras, como un indicador de masculinización o feminización. A mayor PTG, el rostro presenta rasgos más femeninos.

Actividad. Lee el siguiente artículo y responde a las preguntas:

> Whitehouse, A. J., Gilani, S. Z., Shafait, F., Mian, A., Tan, D. W., Maybery, M. T., Keelan, J. A., Hart, R., Handelsman, D. J., Goonawardene, M., & Eastwood, P. (2015). Prenatal testosterone exposure is related to sexually dimorphic facial morphology in adulthood. *Proceedings Biological Sciences, 282*(1816), 20151351. https://doi.org/10.1098/rspb.2015.1351

1. ¿Hay diferencias significativas entre hombres y mujeres en los niveles de testosterona del cordón umbilical?

2. En términos de efectos organizadores o activadores, ¿qué tipo de efectos ejercen los niveles hormonales del cordón umbilical y por qué?

3. En la muestra total, ¿correlaciona la PTG con los niveles de testosterona del cordón umbilical? Especifica el sentido de la correlación.

4. ¿Se mantiene esta correlación cuando separamos la muestra del estudio en hombres y mujeres?

5. ¿Existen diferencias en la ratio D2:D4 entre hombres y mujeres?

6. En la muestra total, ¿correlaciona la PTG con la ratio D2:D4? ¿Se mantiene esta correlación cuando se separa la muestra del estudio en hombres y mujeres? ¿Cómo podría interpretarse esto?

7. En la muestra total, ¿correlaciona la PTG con los niveles de testosterona en la adultez?

8. Si pudieras repetir este estudio, ¿en qué otra etapa de la vida de los participantes hubieras tomado medidas? Razona tu respuesta.

Práctica 8. Anticonceptivos orales

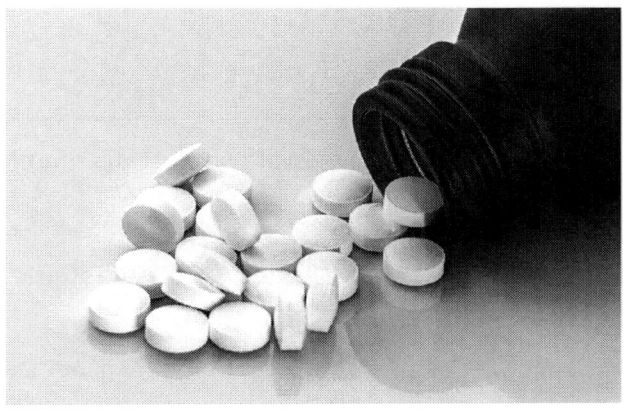

Ubicación en el temario. Por su relación con la conducta sexual y la reproducción, la siguiente actividad puede ubicarse en el Tema 3 (Hormonas, desarrollo y ciclo vital).

Objetivo. Que el estudiantado conozca los efectos de la administración hormonal y los principios básicos que regulan la intervención farmacológica del eje hipotálamo-hipofiso-ovárico. Asimismo, se pretende que el alumnado se familiarice con los tratamientos farmacológicos, teniendo en cuenta que la asignatura de Psicofarmacología se imparte a continuación de ésta.

Fundamento. Se estima que 55 millones de mujeres utilizan anticonceptivos orales. Las estrategias anticonceptivas de estos compuestos son diversas, pero todos ellos tienen en común que intervienen en el ciclo reproductivo femenino mediante la administración suprafisiológica de hormonas. La intervención de los ejes endocrinos implica una variedad de efectos secundarios.

Actividad. Lee detenidamente el artículo publicado por Navarro Gótiiez y Morera Montes, titulado "Los anticonceptivos orales: criterios de selección, utilización y manejo", disponible en la web del Ministerio de Sanidad con libre acceso en el siguiente enlace:

https://www.sanidad.gob.es/biblioPublic/publicaciones/recursos_propios/infMedic/porVolumen/anticonc.htm

A continuación, responde a las siguientes preguntas:

1. ¿Qué hormonas se administran en los anticonceptivos orales?

2. Enumera 6 mecanismos de acción de los anticonceptivos orales.

3. Enumera 3 de los efectos secundarios de los anticonceptivos orales.

A modo de ejemplo, localiza el prospecto de un anticonceptivo oral como Azalia, en el siguiente enlace:

https://www.vademecum.es/espana/medicamento/37329/azalia-75-microgramos-comprimidos-recubiertos-con-pelicula-efg

4. ¿Qué hormona forma parte del principio activo de este fármaco?

5. De las posibles reacciones adversas de este fármaco, algunas pueden ser especialmente relevantes en la práctica clínica del/la psicólogo/a, ¿cuáles?

Práctica 9. Estresores psicosociales y activación del eje hipotálamo-hipofiso-adrenal

Ubicación en el temario. Esta actividad se adapta a los contenidos del Tema 5.

Objetivo. El objetivo de esta actividad es que el estudiantado conozca diferentes estresores de laboratorio en seres humanos, sus características y su eficacia a la hora de desencadenar una respuesta de cortisol.

Planteamiento. La investigación sobre las relaciones entre el estrés psicosocial, el estado de ánimo, el rendimiento cognitivo y los cambios fisiológicos ha sido muy extensa en Psicología Experimental. Para ello, es necesario contar con métodos válidos para inducir estrés experimentalmente. Con la presente actividad podrás conocer y comprobar la eficacia de los estresores de laboratorio más utilizados a la hora de producir cambios significativos en el eje hipotálamo-hipofiso-adrenal, con los consiguientes aumentos en los niveles de cortisol.

Actividad. Dispondrás de acceso a la base de datos de un experimento real con seres humanos. En este experimento se comprueba la capacidad de tres estresores de laboratorio, en comparación con una situación control que no genera estrés. El objetivo es conocer cuál de ellos es más eficaz a la hora de activar al eje hipotálamo-hipofiso-adrenal. Los tres estresores son: el *Trier Social Stress Test* (TSST), el *Socially Evaluative Cold Pressor Task* (SECPT) y una tarea mental aritmética por ordenador (MAT). El cortisol se ha medido antes (línea base), inmediatamente después y a los 10 y 20 minutos de terminado el estresor.

Antes de acceder a los datos, conviene conocer estos estresores. Por favor, describe brevemente en qué consisten cada uno. Para ello, puedes ayudarte de la sección de Material y método de los artículos que encontrarás con libre acceso en los siguientes enlaces:

https://www.uv.es/labnsc/art%20labnsc/2016/villada et al., 2016 stress and healt h.pdf
https://doi.org/10.1016/j.ynstr.2016.11.001
https://doi.org/10.1111/psyp.12826
https://doi.org/10.1080/10253890.2017.1335300

1. El *Trier Social Stress Test* (TSST) consiste en una tarea compuesta de...

2. El *Socially Evaluative Cold Pressor Task* (SECPT) es una tarea que consiste en que el participante...

3. La tarea mental aritmética por ordenador (MAT) es una prueba...

Ahora ya podemos conocer algo más de los efectos de estos estresores. Podrás encontrar los datos en:

Giles GE, Mahoney CR, Brunyé TT, Taylor HA, Kanarek RB (2014) Data from: Stress effects on mood, HPA axis, and autonomic response: comparison of three psychosocial stress paradigms. Dryad Digital Repository. https://doi.org/10.5061/dryad.64313

Aunque el estudio recoge diferentes grupos de variables distribuidas en diversas hojas del fichero Excel que has descargado, vamos a centrarnos en los niveles de cortisol. Para ello, dirígete a la hoja titulada cortisol en la que encontrarás los niveles de esta hormona. Encontrarás los datos directos y los datos transformados logarítmicamente. Sería recomendable hacer los contrastes con los datos logarítmicos si se van a emplear pruebas paramétricas, ya que los niveles de cortisol no suelen presentar una distribución normal.

Las variables que encontrarás en la hoja "cortisol" del fichero son las siguientes:

Variable	Descripción
Subject	Identificación del participante
Coldpres.1.00	Niveles de cortisol antes del *Cold Pressor Test*
Coldpres.2.00	Niveles de cortisol inmediatamente después del *Cold Pressor Test*
Coldpres.3.00	Niveles de cortisol a los 10 minutos de terminado el *Cold Pressor Test*
Coldpres.4.00	Niveles de cortisol a los 20 minutos de terminado el *Cold Pressor Test*
Control.1.00	Niveles de cortisol antes de la situación control
Control.2.00	Niveles de cortisol inmediatamente después de la situación control
Control.3.00	Niveles de cortisol a los 10 minutos de la situación control
Control.4.00	Niveles de cortisol a los 20 minutos de la situación control
Math.1.00	Niveles de cortisol antes de la tarea matemática
Math.2.00	Niveles de cortisol inmediatamente después de la tarea matemática
Math.3.00	Niveles de cortisol a los 10 minutos de la tarea matemática
Math.4.00	Niveles de cortisol a los 20 minutos de la tarea matemática
Trier.1.00	Niveles de cortisol antes del TSST
Trier.2.00	Niveles de cortisol inmediatamente después del TSST
Trier.3.00	Niveles de cortisol a los 10 minutos del TSST
Trier.4.00	Niveles de cortisol a los 20 minutos del TSST
LgTSST.1	Datos logarítmicos de cortisol antes del TSST
LgTSST.2	Datos logarítmicos de cortisol inmediatamente después del TSST
LgTSST.3	Datos logarítmicos de cortisol a los 10 minutos del TSST
LgTSST.4	Datos logarítmicos de cortisol a los 20 minutos del TSST
LgSECPT.1	Datos logarítmicos de cortisol antes del *Cold Pressor Test*
LgSECPT.2	Datos logarítmicos de cortisol inmediatamente después del *Cold Pressor Test*
LgSECPT.3	Datos logarítmicos de cortisol a los 10 minutos de terminado el *Cold Pressor Test*
LgSECPT.4	Datos logarítmicos de cortisol a los 20 minutos de terminado el *Cold Pressor Test*
LgMAT.1	Datos logarítmicos de cortisol antes de la tarea matemática
LgMAT.2	Datos logarítmicos de cortisol inmediatamente después de la tarea matemática
LgMAT.3	Datos logarítmicos de cortisol a los 10 minutos de la tarea matemática
LgMAT.4	Datos logarítmicos de cortisol a los 20 minutos de la tarea matemática
LgControl.1	Datos logarítmicos de cortisol antes de la situación control
LgControl.2	Datos logarítmicos de cortisol inmediatamente después de la situación control
LgControl.3	Datos logarítmicos de cortisol a los 10 minutos de la situación control
LgControl.4	Datos logarítmicos de cortisol a los 20 minutos de la situación control

Teniendo en cuenta la información presentada en la tabla, responde a las siguientes cuestiones:

4. ¿Qué estresor ha provocado mayores aumentos de cortisol en todas las muestras posteriores al estrés respecto a la línea base?

5. A los 20 minutos de terminado el estresor, ¿qué estresores han producido aumentos significativos de cortisol?

6. Realiza una gráfica con las medias de cortisol de cada estresor en cada momento, en la que cada línea represente la evolución de los niveles de cortisol para cada estresor.

7. Recuerda que nuestra pregunta inicial era conocer qué estresor es el más eficaz a la hora de provocar una respuesta significativa de cortisol en seres humanos. Ha llegado el momento de responder a esta pregunta. ¿A qué conclusión llegas? Por favor, razona tu respuesta.

8. Los participantes de este estudio fueron 24 estudiantes (17 mujeres y 7 hombres; edad media= 20,63 ± 1,91 años). Los criterios de exclusión para formar parte del estudio eran: ser fumador/a, tomar fármacos diferentes a anticonceptivos orales, estar embarazada o en periodo de lactancia, tener historial de depresión, trastornos de ansiedad, ataques de pánico, alteraciones cardiacas, hipertensión o insomnio. ¿Por qué crees que se impusieron estos criterios de exclusión para formar parte del estudio?

9. ¿Cambiarías alguno de los criterios de exclusión? Razona tu respuesta.

Para más información, puedes encontrar el artículo publicado en la siguiente cita y enlace:

Giles GE, Mahoney CR, Brunyé TT, Taylor HA, Kanarek RB (2014) Stress effects on mood, HPA axis, and autonomic response: comparison of three psychosocial stress paradigms. PLoS ONE, 9(12): e113618. https://doi.org/10.1371/journal.pone.0113618

Actividad 10. El estrés en actividades cotidianas

Ubicación en el temario. En el temario, esta práctica relaciona, desde una perspectiva experimental, los contenidos de los Temas 2 (Hormonas y metabolismo), 5 (Estrés y adaptación), 6 (Hormonas y estado de ánimo) y 7 (Hormonas, memoria y aprendizaje).

Objetivo. El objetivo general de la presente práctica consiste en que el alumnado registre y valore el papel de las hormonas en los cambios metabólicos, los procesos de estrés y su impacto en el organismo y en el funcionamiento cognitivo. A su vez, se pretende que el estudiantado aplique y se ajuste a las obligaciones deontológicas de la Psicología, tal y como se aborda en otra asignatura del grado. Para ello, se realizará un experimento en el aula, poniendo de manifiesto la importancia del anonimato en las bases de datos y las implicaciones éticas y deontológicas de su incumplimiento.

Los objetivos específicos de la práctica consisten en que el alumnado:

a) Experimente midiendo alguno de los componentes de la respuesta de estrés y sus efectos tanto en el estado de ánimo como en aspectos metabólicos y cognitivos

b) Interiorice la metodología experimental como un método sistemático de abordar un problema, lo que le puede ser especialmente útil para el abordaje de su TFG en el cuatrimestre siguiente.

c) Reflexione sobre los resultados obtenidos y resolver preguntas de manera autónoma.

d) Interrelacione diferentes temas del temario para percibir que la organización temática es, en realidad, artificial en la medida en que diferentes procesos se dan simultáneamente en el organismo.

Los **resultados del aprendizaje** a lograr mediante esta práctica, de acuerdo con la guía académica de la asignatura, se traducen en describir los patrones hormonales asociados al dimorfismo sexual, el estrés, el estado de ánimo, la conducta social y la función cognitiva.

Fundamento. Hablamos de **glucemia** cuando nos referimos a los niveles de glucosa en sangre. Se miden en mg de glucosa por dl de sangre, y los valores normales oscilan entre 75-110 mg/dl en ayunas, y por debajo de 200 mg/dl después de comer.

Los niveles de glucosa pueden ser modificados por diferentes estímulos. Las comidas o la ingesta de glucosa producen aumentos de la glucosa en sangre capilar de manera inmediata, estimulando la secreción pancreática de insulina que, como mecanismo compensatorio, persigue restablecer el equilibrio interno. El ejercicio físico, dependiendo del volumen y la intensidad, también tienen capacidad para modificar los niveles de glucosa en sangre mediante un mecanismo adaptativo que persigue que los músculos dispongan de un soporte energético adecuado. Este efecto está mediado por el sistema nervioso autónomo y el sistema endocrino, principalmente los glucocorticoides (cortisol en seres humanos, corticosterona en animales). El estrés, incluso en ausencia de esfuerzo físico, provoca una activación del Sistema Nervioso Autónomo y, si persiste la estimulación estresante, una activación del eje hipotálamo-hipofiso-adrenal con la consiguiente liberación de glucocorticoides cuyo pico se alcanzará aproximadamente a los 15-30 minutos de iniciado el estímulo. Ambas activaciones, que forman parte de la respuesta de estrés, conllevan un efecto hiperglucemiante.

Los niveles de glucosa resultantes de nuestra actividad y estilos de vida también son capaces de modular nuestro funcionamiento cognitivo (Kerti et al., 2013, disponible en abierto en https://doi.org/10.1212/01.wnl.0000435561.00234.ee). Además, el estrés, ya sea provocado por un esfuerzo físico o por una estimulación de naturaleza psicosocial en ausencia de esfuerzo, puede mejorar o interferir en el funcionamiento cognitivo, dependiendo de diferentes factores (Wolf et al., 2015, revisión disponible en https://doi.org/10.1111/jne.12353).

Hipótesis de partida:

1. La ingesta masiva de glucosa provocará aumentos en sangre significativamente diferentes a los presentados por un grupo control que ingiere agua.
2. El ejercicio físico corto y de intensidad baja/moderada producirá aumentos de glucosa en sangre respecto a un grupo control en reposo, como mecanismo adaptativo que satisface la demanda energética de la actividad.
3. El estrés psicosocial producirá aumentos en los niveles de glucosa en sangre respecto a un grupo control en reposo.
4. Los aumentos de los niveles de glucosa en sangre (ya sea producidos por la ingesta de glucosa, el ejercicio físico o el estrés) mejorarán el rendimiento cognitivo en una tarea de memoria respecto a un grupo control (basándonos en Meikle et al., 2005, disponible en https://doi.org/10.1080/10284150500193833).

El estrés (físico o psicosocial) mejora el rendimiento cognitivo en una tarea de memoria respecto al de un grupo control (*"Stress and GCs exert phase-dependent effects on long-term memory, with enhancing effects on the consolidation of memory and impairing effects on memory retrieval"*, recogido de Wolf et al. (2015), revisión disponible en https://doi.org/10.1111/jne.12353)

Instrucciones: La semana previa a la realización de la práctica se reclutará a la muestra, solicitando:

- la participación voluntaria de 8 estudiantes que actuarán como sujetos experimentales. El único criterio de exclusión es padecer diabetes. Se les pedirá indumentaria cómoda, pero no se les avisará de a qué grupo experimental serán asignados. **NOTA**: Aunque sería preferible que fueran del mismo género, puede dejarse abierto y discutir sobre el género (no incluido como variable en la base de datos, habría que incluirlo). En caso de que las determinaciones de glucosa pre-estimulación muestren valores de glucosa muy altos, ante la duda de diabetes sub-clínica, habría que sustituir al participante. ESTO ES ESPECIALMENTE IMPORTANTE EN EL GRUPO DE GLUCOSA.
- La participación voluntaria de 8 estudiantes que actuarán como experimentadores/as. Estos/as estudiantes deben recibir una tutoría durante la semana sobre instrucciones básicas para las determinaciones de glucosa y la frecuencia cardiaca y cada uno/a de ellos/as se responsabilizará de hacer las mediciones de un/a participante. Se les suministrarán los materiales.
- La participación voluntaria de 4 estudiantes que actuarán como Investigadores principales (IPs), cuya responsabilidad será que se cumpla el protocolo experimental cronometrado de cada grupo y que las medidas estén completas para cada sujeto. Acudirán a la tutoría para resolver dudas sobre el protocolo experimental. Se les suministrarán los materiales.
- A todo el alumnado: avisar de que deben acudir con la Ficha del Alumno para la práctica (disponible en el Aula Virtual).
- Puede explicarse el diseño experimental con la siguiente figura (Figura 1) y el protocolo experimental, así como las medidas a tomar relativas a código deontológico para la experimentación con seres humanos y ciertas normas de seguridad para el manejo de muestras de sangre capilar.

El día de la práctica:

- Se llama a los/as participantes voluntarios/as para que saquen un papel de la bolsa y se les asigne el grupo al que van a pertenecer.
- Se llama a los/as estudiantes investigadores/as y se distribuyen en sus respectivos grupos: cada grupo cuenta con 2 investigadores/as y 1 IP, todos ellos instruidos en lo que tienen que hacer y con los materiales suministrados la semana previa. A los IPs, además, se les darán los cronómetros.
- Se asignan los códigos a cada participante (los últimos 4 números de su DNI). Se hace hincapié a toda la clase de la importancia del anonimato en las bases de datos y las implicaciones éticas y deontológicas de su incumplimiento. Un ejemplo de

consentimiento informado está disponible en la página web de la Universitat de València en el siguiente enlace:

https://www.uv.es/comision-etica-investigacion-experimental/es/etica-investigacion-humanos/formularios.html

- Se preparan 2 botellines de agua natural pequeños que estarán a la vista de todo el alumnado. En cada uno de estos botellines se disuelven 10 azucarillos agitándolos enérgicamente (algo más de 75 gramos de azúcar, similar a la cantidad que se suministra en los test orales de tolerancia a la glucosa). Se despega el papel de la botella para no confundir con las botellas de agua sin azúcar.

Figura 1: Esquema del diseño experimental de la práctica.

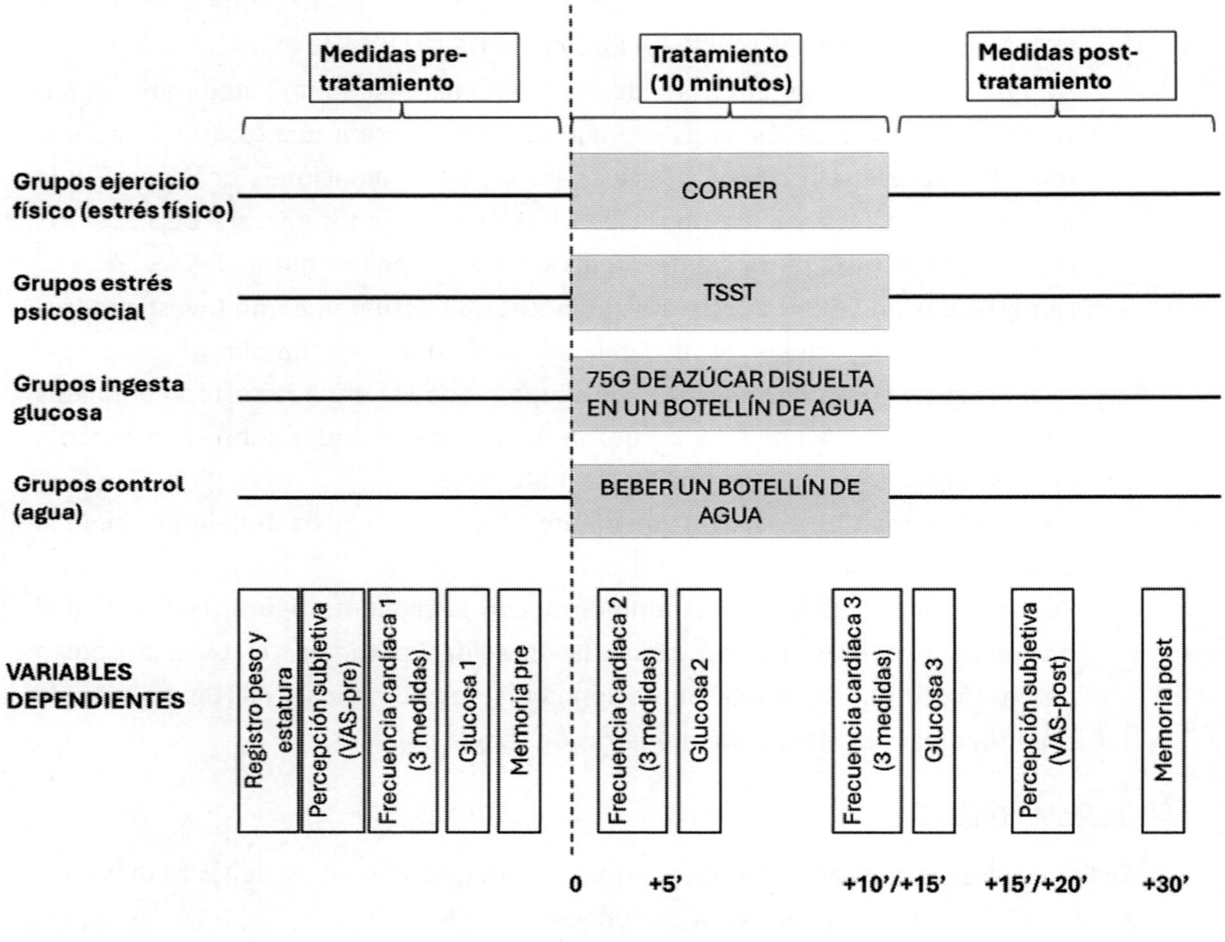

50

Protocolo Experimental

CÓDIGO PARTICIPANTE: _____

TIEMPO	ACONTECIMIENTO	DATOS
	Poner pulsómetro o pulsera de actividad	
	Pesar y medir	**Peso:** _____ **Altura:** _____
	Percepción subjetiva PRE	
	Medición FC 1	**FC1a:** _____ **FC1b:** _____ **FC1c:** _____
	Glucosa 1	**GL1:** _____
	Memoria PRE	**Correctos directo:** _____ **Correctos inverso:** _____
0 (inicio)	EMPIEZA TTO. EXPERIMENTAL/CONTROL	
+5'	Medición FC 2 Glucosa 2	**FC2a:** _____ **FC2b:** _____ **FC2c:** _____ **GL2:** _____
	FIN TTO. EXPERIMENTAL/CONTROL	
+10'/+15'	Medición FC 3 Glucosa 3	**FC3a:** _____ **FC3b:** _____ **FC3c:** _____ **GL 3:** _____
+15'/+20'	Percepción subjetiva POST	
+30	Evaluación de la memoria POST	**Correctos directo:** _____ **Correctos inverso:** _____

A todos los/as participantes:

- Se colocan los pulsómetros o las pulseras de actividad para el registro de la frecuencia cardíaca, en caso de que también se registre esta variable.
- Se inician las mediciones basales, que son:
  o Peso y estatura (medida o informada por los participantes).
  o La evaluación de la percepción subjetiva (VAS-PRE).
  o Una medición de glucosa (GLUCOSA 1).
  o La evaluación de la memoria (PRE-ESTIMULACIÓN), mediante la tarea que se describe posteriormente.
  o Si también se toma la frecuencia cardíaca, 3 medidas de frecuencia cardíaca de las pulseras de actividad para estimar la media pre-estimulación. En caso de usar pulsómetro, se puede optar por registro continuo y el posterior vaciado de datos en el ordenador.
- Posteriormente se administra la estimulación simultáneamente a todos los grupos, de acuerdo con el grupo al que pertenezca:
  o GRUPO EJERCICIO: se solicita a 2 participantes que pedaleen en el cicloergómetro todo lo deprisa que puedan durante 10 minutos (primeros 3 minutos sin carga con incrementos de 20 watt por minuto). En caso de no contar con cicloergómetro, se les pide que salgan y corran durante 10 minutos (los/as experimentadores y el/la IP van con ellos para marcarles los tiempos de vuelta al aula y medirles la frecuencia cardiaca).
  o GRUPO CONTROL: a los/as 2 participantes asignados a este grupo se les da a beber 1 botellín de agua a cada participante en sorbos para que se agote el agua en 10 minutos. Simultáneamente se les toma 3 registros de frecuencia cardíaca.
  o GRUPO GLUCOSA: a cada uno/a de los/as 2 participantes les da a beber 1 botellín de agua CON AZÚCAR en sorbos para que se agote en 10 minutos. Simultáneamente se les toma 3 registros de frecuencia cardíaca.
  o GRUPO PSICOSOCIAL: a los/as dos participantes de este grupo se les suministra un protocolo de estrés psicosocial, que se describe posteriormente. Esta tarea será evaluada por todo el alumnado y la profesora en función de la ejecución, capacidad de defender unas ideas y habilidad en la argumentación. Las evaluaciones acerca de qué participante ha sido más hábil no se harán públicas. Simultáneamente se les toma 3 registros de frecuencia cardíaca.
- En mitad de la estimulación o situación control se tomará una medición intermedia de glucosa (GLUCOSA 2).
- En caso de que no se disponga de registro continuo de frecuencia cardíaca, también se registrará la frecuencia cardiaca 3 veces para calcular la media con mayor precisión (Frecuencia cardiaca 2).

- Inmediatamente después de terminar la estimulación se evalúa el estado de ánimo (VAS-POST).
- A los 5 minutos de terminar la tarea se toman 3 registros seguidos de frecuencia cardiaca para calcular la media y se vuelve a medir la glucosa (GLUCOSA 3).
- Si hubiera periodos de espera, otros/as estudiantes pueden participar durante estos intervalos en la corrección de las escalas VAS y en la introducción de los datos en la base de datos que estará expuesta en la pantalla.
- A los 20 minutos de terminada la tarea se vuelve a realizar la evaluación de la memoria (en este caso, POST-ESTIMULACIÓN), mediante la tarea que describe posteriormente.

Después de la práctica:

A partir del análisis de los resultados de la práctica, debes entregar la **Memoria de Resultados**, cuyo formato básico y criterios de valoración encontrarás posteriormente.

Valoración del estado de ánimo

CÓDIGO PARTICIPANTE: _____   **MOMENTO/PASE: _____**

A continuación, tienes un listado de adjetivos de estado de ánimo y, debajo de ellos, encontrarás una línea que va desde el 0 (no te sientes nada así) a 100 (me siento totalmente así). Por favor, marca con una cruz sobre la línea la intensidad con la que sientes ese estado de ánimo en estos momentos:

Estresado

0   100

|--|

Tenso

0   100

|--|

Ansioso

0   100

|--|

Fatigado

0   100

|--|

Triste

0   100

|--|

Contento

0   100

|--|

Vigoroso

0   100

|--|

GRACIAS

Prueba de memoria de trabajo (Wechsler, 2012)

Procedimiento:

- Los dígitos deben decirse a razón de uno por segundo. Al finalizar una serie, debe hacerse una pausa para permitir que el sujeto responda.
- Nunca repetir un intento. Si el sujeto pide que se le repita, decir: "No puedo repetir la serie. Intenta hacerlo lo mejor que puedas".

Criterio de terminación: En cada tarea (dígitos en orden directo y dígitos en orden inverso), debemos finalizar la administración si el sujeto fracasa en los dos intentos del mismo ítem.

Puntuación: Se otorga 0 o 1 punto a cada intento. Se suma la puntuación total de cada tarea (puntuación máxima de 16 puntos). Se computa la puntuación total de las dos tareas.

Dígitos en orden directo:

"Ahora voy a leerte algunos números. Escucha con atención porque sólo puedo leerlos una sola vez. Cuando termine, quiero que los repitas exactamente en el mismo orden. Dilos tal y como los he dicho".

Ítem	Intento	Respuesta	Puntuación intento
1	9-7		0/1
	6-3		0/1
2	5-8-2		0/1
	6-9-4		0/1
3	7-2-8-6		0/1
	6-4-3-9		0/1
4	4-2-7-3-1		0/1
	7-5-8-3-6		0/1
5	3-9-2-4-8-7		0/1
	6-1-9-4-7-3		0/1
6	4-1-7-9-3-8-6		0/1
	6-9-1-7-4-2-8		0/1
7	3-8-2-9-6-1-7-4		0/1
	5-8-1-3-2-6-4-7		0/1
8	2-7-5-8-6-3-1-9-4		0/1
	7-1-3-9-4-2-5-6-8		0/1

Puntuación (máximo = 16):_____

Prueba de memoria de trabajo (Wechsler, 2012)

Dígitos en orden inverso:

"Ahora también voy a leerte unos números, pero en este caso quiero que, cuando yo termine, los repitas en orden inverso. Por ejemplo, si digo 7-1, ¿qué respondes?"

Respuesta correcta: 1-7. Decir "Bien". Aplicar el intento 2 del ítem ejemplo.

Respuesta incorrecta. Decir "No exactamente. Yo he dicho "7-1", entonces, para decirlos en orden inverso, debes responder "1-7". Aplicar el intento 2 del ítem ejemplo.

"Probemos con otros números. Recuerda que debes decirlos en orden inverso: 3-4.

Respuesta correcta: 4-3. Decir "Bien. Probemos con otros números". Aplicar el intento 1 del ítem 1.

Respuesta incorrecta. Decir: "No exactamente. Yo he dicho "3-4", entonces, para decirlos en orden inverso, debes responder "4-3". Probemos con otros números. Aplicar el intento 1 del ítem 1.

Ítem	Intento	Respuesta correcta	Respuesta	Puntuación intento
Ejemplo	7-1	1-7		-
	3-4	4-3		-
1	3-1	1-3		0/1
	2-4	4-2		0/1
2	4-6	6-4		0/1
	5-7	7-5		0/1
3	6-2-9	9-2-6		0/1
	4-7-5	5-7-4		0/1
4	8-2-7-9	9-7-2-8		0/1
	4-9-6-8	8-6-9-4		0/1
5	6-5-8-4-3	3-4-8-5-6		0/1
	1-5-4-8-6	6-8-4-5-1		0/1
6	5-3-7-4-1-8	8-1-4-7-3-5		0/1
	7-2-4-8-5-6	6-5-8-4-2-7		0/1
7	8-1-4-9-3-6-2	2-6-3-9-4-1-8		0/1
	4-7-3-9-6-2-8	8-2-6-9-3-7-4		0/1
8	9-4-3-7-6-2-1-8	8-1-2-6-7-3-4-9		0/1
	7-2-8-1-5-6-4-3	3-4-6-5-1-8-2-7		0/1

Puntuación (máximo = 16):____

Estresor psicosocial

INSTRUCCIONES PARA LOS/AS PARTICIPANTES: "A continuación os dejaré un tiempo para que preparéis una discusión en la que cada uno de vosotros/as defenderá una postura. Tú (se señala a un/a participante) defenderás lo adecuado que te parece que esta asignatura se encuentre en este plan de estudios y lo apropiado de los contenidos y la metodología empleada en ella. Y tú (se señala al otro/a participante) defenderás que es inapropiado que esta asignatura se imparta en esta titulación y puedes aludir tanto a los contenidos como a la metodología docente. Vais a defender vuestras posturas delante de todos/as los/as compañeros/as y la profesora en turnos de 30 segundos cada uno. Posteriormente, se os pedirá que realicéis una tarea aritmética también en público. Todos los asistentes evaluarán vuestro rendimiento y habilidad, quedando un/a vencedor/a y un/a derrotado/a. Ahora preparad vuestras intervenciones en solitario".

Se les deja así 3 minutos (respuesta anticipatoria). Acabado el tiempo, se les acompaña al lugar de la profesora en el aula de pie y se les pide durante 5 minutos que inicien la discusión en turnos de 30 segundos cada uno (los/as estudiantes experimentadores/as dan los turnos de palabra). A continuación, se solicita a cada participante que cuente hacia atrás en voz alta. Uno/a de ellos/as debe contar hacia atrás de 7 en 7 desde el 1324 y el/la otro/a de 9 en 9 desde el 1324. Cada error es avisado en voz alta por el alumno experimentador y dice "vuelve a empezar". Esta tarea dura 2 minutos. Vuelven a sus asientos para el resto de las mediciones.

Respuestas correctas de la tarea aritmética

DESCONTANDO 7: 1324, 1317, 1310, 1303, 1296, 1289, 1282, 1275, 1268, 1261, 1254, 1247, 1240, 1233, 1226, 1219

DESCONTANDO 9: 1324, 1315, 1306, 1297, 1288, 1279, 1270, 1261, 1252, 1243, 1234, 1225, 1216, 1207, 1198, 1189

INFORME DE INVESTIGACIÓN

Criterios de valoración (0,25 por criterio):

➢ Coherencia entre los apartados.

➢ Orden y claridad en la exposición de las ideas.

➢ Precisión en el lenguaje propio del tema.

➢ Forma: corrección en la expresión, ortografía, citas y referencias.

APELLIDOS, NOMBRE

JUSTIFICACIÓN DE LAS HIPÓTESIS (MÁXIMO 250 PALABRAS, AL MENOS 3 CITAS)

OBJETIVOS E HIPÓTESIS (MÁX. 75 PALABRAS)

PROCEDIMIENTO (MAX. 100 PALABRAS)

RESULTADOS (MÁXIMO 250 PALABRAS, 3 FIGURAS Y 2 TABLAS)

CONCLUSIONES (MÁXIMO 75 PALABRAS, COMPARAR CON OTROS ESTUDIOS)

REFERENCIAS (AL MENOS 3)

Materiales para la práctica considerando 4 grupos:

- 4 copias de la hoja de protocolo experimental, una por grupo.
- 16 copias de la escala de estado de ánimo. Cada línea de esta escala está formada por 100 guiones para poder contar puntuaciones en ausencia de reglas.
- 4 copias de la hoja Excel de vaciado de datos.
- 4 copias del test de memoria.
- 4 cronómetros, uno por cada grupo.
- 8 pulsómetros o pulseras de actividad con capacidad para medir frecuencia cardiaca.
- 8 glucosímetros con sus correspondientes dispositivos para lancetas.
- 24 tiras reactivas (si se dispone de alguna más para determinaciones fallidas, mejor).
- 24 lancetas (si se dispone de alguna más para determinaciones fallidas, mejor).
- 20 azucarillos.
- 4 botellines de agua natural.
- Algodón y alcohol.
- Guantes .
- Contenedor de seguridad biológica (disponible para recoger en la Unidad de Laboratorios).
- 1 bolsa opaca con 8 papelitos: en 2 de ellos pone GRUPO CONTROL, en 2 GRUPO GLUCOSA, en 2 FÍSICO y en los otros 2 PSICOSOCIAL.

Materiales opcionales:

- 1 báscula.
- 1 tallímetro.
- 2 cicloergómetros.

Práctica 11. Caso clínico

Ubicación en el temario. En el temario, esta práctica está asociada a los contenidos del Tema 6 por su relación con los correlatos hormonales del estado de ánimo.

Objetivo. La presente práctica pretende abordar, desde una perspectiva aplicada, los correlatos hormonales del estado de ánimo en estados desajustados de salud. El objetivo general de la presente práctica consiste en que el estudiantado aplique los conocimientos sobre hormonas y estado de ánimo a un caso clínico, de acuerdo con el rol del/la psicólogo/a.

Instrucciones. Lee el siguiente caso clínico y responde a las preguntas.

CASO CLÍNICO

Paciente femenina de 36 años de edad, con formación universitaria, trabajadora, de estrato socioeconómico medio, casada, sin diagnóstico psiquiátrico previo, aparentemente sana, primigesta, sin complicaciones en el embarazo y parto, con cinco semanas de puerperio. El diseño de la investigación es de tipo experimental, longitudinal, prospectivo, comparativo (antes-después).

Ginecología y obstetricia

Evaluación y tratamiento de los problemas endocrinos o gineco-obstétricos del posparto, sobre todo, el posible desequilibrio hormonal, que es uno de los factores bioquímicos que puede coexistir. A la paciente se le realizaron las siguientes pruebas:

1) Cortisol en suero (como indicador biológico del estrés crónico antes y después de los tratamientos). Se evalúa para registrar los cambios de su concentración en la sangre para que el clínico pueda tener información del funcionamiento del psicofármaco.

2) Perfil hormonal de las concentraciones de estradiol, progesterona y prolactina.

3) Química sanguínea, para determinar la homeostasia de la paciente, con insistencia en el estudio de glucosa en sangre para descartar diabetes.

4) Ultrasonido, para descartar alteraciones estructurales del útero y del ovario que no se hayan detectado previamente, como miomatosis o tumores de ovario y que pudieran dieran ocasionar alguna alteración hormonal.

Paidopsiquiatría

Evaluación de la interacción materno-infantil por medio de la escala de interacción materno-infantil (*Bethlem Mother-Infant Interaction Scale*) de Kumar-Hypwell que analiza la calidad y cantidad de la interacción materno-infantil. Evalúa el contacto visual, físico y verbal, el estado de ánimo, la rutina general, el riesgo para el infante y la condición de éste.

Psiquiatría

Se realizó una historia clínica psiquiátrica, con los criterios establecidos por el *Manual diagnóstico y estadístico de los trastornos mentales* (DSM-IV-TR). Se evaluó la indicación del medicamento antidepresivo, mediante clorhidrato de paroxetina a la dosis de 20 mg diarios, durante seis meses. Durante la estancia hospitalaria se vigiló a la paciente, y en el momento del alta hospitalaria se le citó para revisión periódica durante seis meses.

Psicología

Escala perinatal de Edinburgh. *Escala de estrés subjetivo* (*Levenstein's Perceived Stress Questionnaire*). *Cuestionario de evaluación del sueño* (*Pittsburg Sleep Diary*) de Monk y Reynolds. *Pruebas proyectivas de la personalidad*. Test del árbol, casa y persona (*House, Tree and Person*), Test del dibujo de la persona humana (Machover), Test de la pareja en interacción y Test desiderativo.

Se realizaron sesiones diarias de una hora de duración de psicoterapia cognitivo-conductual. El tratamiento cognitivo conductual diseñado fue intensivo, se realiza al menos cinco días hábiles si se requiere de hospitalización breve y máximo 10 días, cuando el caso así lo requiera.

Se estableció el plan de trabajo cognitivo del tratamiento, que consistió en cinco pasos. En el primero, se realizó una historia de vida psicológica de la paciente. En el segundo, se trabajó mediante información sobre factores neurobioquímicos, estrés y presiones sociales, pero no las deficiencias psicológicas personales. Esto ayudó, en gran medida, a disminuir la depresión, la ansiedad y la culpa. En el tercer paso, se educó a la paciente para distinguir las distorsiones en su pensamiento y las relaciones que éste guarda con sus emociones y su conducta. En el cuarto paso se educó a la paciente para la búsqueda de pruebas objetivas, a favor y en contra, de que sus ideas irracionales exacerban la depresión. Estas ideas irracionales se sometieron a una prueba de realidad para verificar la realidad o distorsión de las mismas. Y, finalmente, en el quinto paso, considerando lo aprendido en el paso anterior, se realizó la re-evaluación de las situaciones actuales, buscando la parte útil de la experiencia. El tratamiento conductual se reforzó con sesiones de relajación, para favorecer la reducción importante del estrés.

Pediatría

Vigilancia y control diario durante la hospitalización conjunta del lactante, sobre todo observación directa de posibles efectos adversos, si la madre está lactando mientras toma antidepresivos. El plan semanal consistió en un enfoque de información y aprendizaje en el manejo del lactante sano.

RESULTADOS

Todas las especialidades participantes hicieron evaluaciones antes y después del tratamiento. Con estos datos se realizaron las diferentes acciones terapéuticas por especialidad y se obtuvieron los siguientes resultados:

Tratamiento gineco-obstétrico. Los estudios de laboratorio arrojaron los resultados que se señalan en el Cuadro 1.

Debido a la disminución de las concentraciones hormonales y para regular sus ciclos menstruales, el ginecólogo especializado le indicó acetato de clormadinona (2 mg) y mestranol (80 mg) durante 20 días, a los tres meses del parto. Al terminar este tratamiento, y debido a la negativa de la paciente a tener relaciones sexuales por el temor a un nuevo embarazo y, sobre todo, volver a padecer los síntomas depresivos, se le sugirió la anticoncepción oral con levonogestrel (0.15 mg) y etinilestradiol (0.03 mg). Posteriormente, se revaloraron las concentraciones hormonales que demostraron mejoría importante de las concentraciones de estradiol y prolactina (Cuadro 1). También se le indicó tratamiento específico para flora bacteriana mixta, debido a que en la biopsia de fondo de saco vaginal se apreció inflamación crónica inespecífica subepitelial.

Cuadro 1. Resultado de algunos valores de la química sanguínea y estudios independientes de hormonas

Estudio	Primera valoración	Segunda valoración	Valor de referencia
Cortisol en suero	800 nmol/L	546 nmol/L	126-662 nmol/L
Glucosa en sangre	81.0 mg/dL	74.0 mg/dL	70-108 mg/dL
Prolactina	447 mUI/L	Sin reactivo	21.2-610 mUI/L
Estradiol	< 73.4 pmol/L	218 pmol/L	111-962 pmol/L
Progesterona	< 0.636 nmol/L	1.69 nmol/L	F.F.:1.0-6.3,F.L. 12.9-69 nmol/L

En los estudios de ultrasonografía se encontraron signos compatibles con mioma, aunque sin relación con su problema hormonal. A la paciente se le dio asesoría específica por parte de la médica perinatóloga, para el manejo de esta problemática.

Tratamiento psiquiátrico y psicológico. Los resultados de la valoración psiquiátrica realizada de acuerdo con el *Manual diagnóstico y estadístico IV* de la Asociación Psiquiátrica Estadounidense (Cuadro 2).

De acuerdo con los resultados anteriores y los datos que arrojó el estudio de cortisol, que en principio mostró concentraciones muy elevadas, indicadoras de estrés (Cuadro 1), se confirmó el diagnóstico; por esto se le indicaron a la paciente 20 mg al día de clorhidrato de paroxetina. La mejoría clínica esperada se apreció después de 20 días, como es característico con los inhibidores selectivos de la recaptación de serotonina. Se administró durante seis meses, de acuerdo con la evolución. Mientras estuvo hospitalizada se le vigiló; después de salir del hospital se le citó para revisión cada 15 días. Por la franca disminución de los síntomas ansiosos y depresivos las consultas se espaciaron a una por mes en el lapso de seis meses (Cuadro 2).

Cuadro 2. Evaluación psiquiátrica según el *Manual diagnóstico y estadístico de los trastornos mentales (DSM-IV-TR)*

Diagnóstico DSM-IV-TR	Evaluación inicial	Evaluación final
Estado de ánimo	Triste, con pérdida de interés por actividades habituales	Más relajado, con mayor interés por actividades habituales
Sentimiento de inutilidad y autorreproche	Presente	Ausente
Capacidad de concentración y pensamiento	Reducida	Normal
Psicomotricidad	Lenta	Normal
Apetito	Disminuido	Normal
Sueño	Hipersomnia	Normal
Llanto	Frecuente	Esporádico
Irritabilidad	Frecuente	Esporádica
Ansiedad	Muy elevada, con ataques de pánico	Moderada
Pensamientos obsesivos	Frecuentes	Esporádicos
Pensamientos de muerte	Pensamientos esporádicos	Ausentes
Pensamientos de daño al hijo	Ninguno	Ninguno
Dificultad para el cuidado del hijo	Disminuida	Mejoría importante

Los resultados de las evaluaciones psicológicas se muestran en el Cuadro 3.

Cuadro 3. Valoraciones psicológicas según la Escala Perinatal de Edinburgh, * Escala de Estrés Percibido, ** Cuestionario de Evaluación del Sueño*** y Escala de Interacción Materno-Infantil****

Prueba aplicada	Evaluación inicial	Evaluación final
Cuantificación de la depresión posparto *	Depresión moderada	Sin depresión
Estrés subjetivo **	Estrés muy elevado	Estrés moderado
Evaluación del sueño ***	Reducida cantidad y calidad de sueño diario	Normal cantidad y calidad de sueño diario
Vínculo materno-infantil****	Perturbación leve	Sin perturbación

Considerando los datos previos, se diseñó el plan terapéutico y de relajación para esta paciente. En el modelo cognitivo-conductual, el primer día se encontró con un grado de ansiedad importante. Posteriormente a la "desmitificación" del trastorno, se advirtió disminución de la ansiedad y, específicamente, de su sentimiento de culpa.

La paciente se mostró cooperadora con el aprendizaje de los conceptos de la terapia y la evolución se orientó hacia la mejoría clínica. La terapia de relajación se realizó mediante imaginería, con buen grado de profundidad y con notoria disminución del estrés.

Tratamiento paidopsiquiátrico. El médico especialista indicó, después de la valoración de la interacción, recomendaciones específicas para mejorar la calidad del vínculo materno-infantil; entre las más relevantes estuvieron: promover el contacto verbal y visual con la menor, así como desensibilizar los temores maternos en el cuidado de su hija, áreas en las que obtuvo una puntuación baja (Cuadro 3).

Tratamiento pediátrico. Puesto que en la exploración física no se encontraron alteraciones y el desarrollo neurológico era congruente con la edad, se le trató como a cualquier lactante sano; sin embargo, en la valoración inicial se le encontró irritable, estreñida y con poco alimento. Al término de la segunda semana de ingreso se advirtió que se había alimentado mejor, defecaba con regularidad y estaba menos irritable.

Actividad. A partir del caso clínico presentado, contesta a las siguientes cuestiones:
1. ¿Qué otras hormonas hubieras medido y por qué?

2. Resume las alteraciones endocrinas en hormonas sexuales y glucocorticoides observadas en la paciente.

3. Establece un diagnóstico del caso.

4. Enumera los datos concretos que te han llevado a este diagnóstico.

5. Redacta un breve informe diagnóstico razonado (máximo 400 palabras, aproximadamente una página en Times New Roman, 12 puntos con 1.5 puntos de interlineado).

Para más información, se puede consultar la referencia:

Arranz, L.C., Aguirre, W., Ruiz, J. et al. (2008). Enfoque multidisciplinario en la depresión posparto. *Ginecología y Obstetricia de México*, 76(6), 341-348

Práctica 12. Hormonas y memoria

 **Ubicación en el temario.** La presente actividad se relaciona con el Tema 2 por la administración farmacológica de compuestos tiroideos, así como con los contenidos del Tema 7, ya que se estudia los efectos de esta administración sobre procesos de memoria y aprendizaje.

Planteamiento. Metodológicamente, la presente práctica puede ayudarte a conocer la estructura y contenidos de cada uno de los apartados de un trabajo de investigación. De hecho, la actividad que se propone supone escribir un pequeño artículo, completando alguna de sus partes. Aunque este esquema es especialmente válido para trabajos experimentales, puede ayudarte en la configuración de otros trabajos de investigación teóricos. En los siguientes enlaces puedes encontrar guías de libre acceso sobre qué debe incluirse en cada uno de los apartados de un trabajo de investigación y recomendaciones de estilo.

- ✓ http://www.cienciapsicologica.org/contenidos/AACP_Guia_de_Redaccion_Cientifica.pdf
- ✓ http://www.redalyc.org/pdf/551/55152796001.pdf

En términos de contenidos, conocerás los efectos de la manipulación de los niveles de hormonas tiroideas sobre los procesos cognitivos en seres humanos.

Objetivo. Esta práctica pretende que el alumnado constate el impacto de los niveles hormonales sobre la ejecución en tareas de memoria en seres humanos. Asimismo, permite que el/la estudiante adquiera competencias relacionadas con otras asignaturas del curso, tales como Psicofarmacología y el Trabajo de Fin de Grado.

Actividad. A continuación, encontrarás los apartados de un artículo científico, redactados de forma incompleta. Debes completar los apartados siguiendo las instrucciones y tareas incluidas en cada parte.

Título

(aunque es lo primero que se lee, se recomienda completarlo al final)

[   ]

Resumen

(máximo 200 palabras, también debe completarse al final porque debe contener información de todos los apartados del trabajo, desde la introducción a las conclusiones)

[   ]

INTRODUCCIÓN

Tarea: busca trabajos que avalen estas afirmaciones e incluye la cita al final de la frase. Se recomienda guardar la referencia de estas citas porque se necesitan para apartados posteriores. Completa con tus palabras las ideas que se enuncian en los espacios previstos para ello.

Las hormonas tiroideas son importantes moduladores de la función cognitiva tanto en la edad adulta como en el desarrollo cerebral durante etapas críticas del desarrollo prenatal (_____, incluye aquí la/s cita/s). Aunque los efectos de una alteración hormonal son más dramáticos cuando éstos se dan en etapas críticas del desarrollo, diversos trabajos han relacionado también la función tiroidea con procesos cognitivos en la edad adulta (_____, citas).

En casos de hipertiroidismo, los síntomas incluyen, entre otros, una reducción de la concentración y de la ejecución en tareas de memoria (_____, citas).

(añade más información relativa con esta idea)

Sin embargo, hay poca evidencia acerca de los efectos sobre la función cognitiva de cambios sutiles en los niveles de hormonas tiroideas en la edad adulta y los mecanismos hormonales no están del todo claros. De hecho, se ha encontrado que la tirotoxicosis da lugar a mejoras (Crusio y Schwegler, 1991; Samuels et al., 2008), empeoramientos (Bauer et al., 2008; Reitan, 1958; Rey, 1958) y ausencia de cambios (Roberts et al., 2006) en memoria. Por ello, el objetivo del presente estudio consiste en examinar los efectos de la

68

administración exógena de hormonas tiroideas sobre la memoria de trabajo en una tarea n-back. Esta tarea ha resultado útil para describir alteraciones cognitivas sutiles y disfunción prefrontal (_____, cita/s).

MATERIAL Y MÉTODOS

Participantes

Los datos fueron adquiridos en la Universidad de Lübeck. Para este estudio se reclutaron 29 hombres sanos, diestros (rango de edad 21-49 años, mediana 30 años, SD 7,33). Un participante fue excluido por su práctica intensa de culturismo y el uso de hormonas esteroideas. Los participantes fueron examinados médicamente y se obtuvo información sobre su historial que incluía uso de drogas, alteraciones tiroideas o alteraciones cognitivas o del estado de ánimo. Todos los participantes tenían niveles normales de hormonas tiroideas antes del estudio. El Comité Ético de la Universidad de Lübeck aprobó el procedimiento experimental y todos los participantes firmaron el consentimiento informado para su participación. El estudio se realizó de acuerdo con la Declaración de Helsinki para experimentación con seres humanos.

Procedimiento

Se llevaron a cabo dos sesiones experimentales idénticas antes y después de la administración de 250 µg de L-thyroxine por día durante 8 semanas. No se tomó otra medicación entre estas dos sesiones. En ambas sesiones, los participantes realizaron una tarea n-back en un diseño de bloques con tres condiciones. En la condición 0-back, los participantes tenían que presionar un botón cuando veían una letra previamente especificada. Esto servía como condición línea base. En la condición 1-back, el botón debía apretarse cuando la letra era idéntica a la letra previa a la especificada. En la condición 2-back, los participantes tenían que presionar el botón cuando la letra fuera idéntica a la vista 2 letras antes. Las letras aparecían durante 600 milisegundos con un intervalo de 800 milisegundos. Cada bloque contiene 22 estímulos que incluyen 3 letras diana. Antes de cada bloque, se daba instrucciones a los participantes sobre la condición (0-back, 1-back, 2-back). Se presentaron 4 bloques por cada condición.

Variables

La batería neuropsicológica utilizada para evaluar los cambios en diferentes dominios cognitivos antes y después del tratamiento incluía las siguientes pruebas:

Tarea de red atencional (Attention Network Task, ANT). Evalúa un número de medidas atencionales en una única tarea (Steer et al., 1999; Schmitz et al., 2000), tales como la alerta, la orientación y la orientación espacial.

La prueba Go/No-Go evalúa …

(busca en qué consiste esta prueba y qué evalúa y completar)

La tarea de atención dividida evalúa la habilidad para focalizar la atención en series de estímulos auditivos y visuales.

La tarea de interferencia estima la flexibilidad para cambiar entre diferentes estímulos y evalúa la eficacia en el control de funciones ejecutivas.

Tarea n-back para la evaluación de la memoria de trabajo.

El Trail-Making Test (TMT) es …

(busca en qué consiste esta prueba y qué evalúa y completar)

El test de aprendizaje verbal auditivo (Auditory Verbal Learning Test, AVLT; Rey, 1958) …

(busca en qué consiste esta prueba y qué evalúa y completar)

Para evaluar el estado de ánimo y el bienestar emocional se utilizaron las siguientes pruebas:

El test de Depresión de Beck (versión alemana; Kuhner et al., 2007) que evalúa…

(busca en qué consiste esta prueba y qué evalúa y completar)

Perfil de estado de ánimo (versión alemana; Dalbert, 1992) que consiste en …

(busca en qué consiste esta prueba y qué evalúa y completar)

RESULTADOS

El tratamiento farmacológico fue efectivo en producir una tirotoxicosis media, tal y como puede apreciarse en la Tabla 1. De hecho, los niveles de …

(Completar observando la tabla)

Respecto a la ejecución en las tareas de atención, ...

(Completar observando la tabla)

Los resultados relativos a la ejecución en la memoria de trabajo y aprendizaje muestran que ...

(Completar observando la tabla)

Respecto al estado de ánimo, ...

(Completar observando la tabla)

Tabla 1. Descriptivos (medias y desviación), pruebas t y significación de las variables hormonales y neuropsicológicas para la condición eutiroidea e hipertiroidea de los participantes. RT = tiempo de reacción, RC = respuestas correctas, ms = milisegundos, m = segundos, n.s. = no significativo.

	Estado eutiroideo Media	Estado hipertiroideo Media	t	p
Mediana niveles TSH	2,21 (SD 1,27, n = 21)	0,02 (SD 0,02, n = 24)		<0,001
Mediana niveles T3 libre	4,71 (SD 0,89, n = 21)	7,44 (SD 2,49, n = 24)		<0,001
Mediana niveles T4 libre	15,78 (SD 2,51, n = 21)	31,33 (SD 8,17, n = 24)		<0,001
ANT Alerta (ms)	27,9 (SD 17,9)	40,2 (SD 16,6)	3,8	<0,001
ANT Orientación (ms)	4,2 (SD 13,6)	4,1 (SD 11,6)	-0,03	n.s.
ANT función ejecutiva (ms)	87,3 (SD 29,6)	80,8 (SD 12,9)	-1,2	n.s.
TAP RT memoria de trabajo (ms)	626 (SD 119)	637 (SD 124)	0,74	n.s.
TAP RT interferencia (ms)	429 (SD 79)	454 (SD 81)	1,91	0,06
TAP RT atención dividida auditiva (ms)	546 (SD 89)	545 (SD 76)	-0,04	n.s.
TAP RT atención dividida visual (ms)	736 (SD 78)	730 (SD 101)	-0,39	n.s.
TAP RT GoNogo (ms)	522 (SD 54)	528 (SD 65)	0,54	n.s.
TAP N memoria de trabajo (RC)	13,6 (SD 2,2)	14,0 (SD 1,2)	0,77	n.s.
TAP N interferencia (RC)	17,3 (SD 3,3)	17,9 (SD 0,2)	1,05	n.s.
TAP N tarea dual auditiva (RC)	15,6 (SD 0,5)	15,25 (SD 1,2)	-1,43	n.s.
TAP N tarea dual visual (RC)	16,4 (SD 1,4)	16,68 (SD 0,7)	1,36	n.s.
TAP N GoNogo (RC)	22,7 (SD 4,1)	23,9 (SD 0,4)	1,59	n.s.
TMT A (s)	20,6 (SD 5,8)	18,4 (SD 5,3)	-1,6	n.s.
TMT B (s)	48,4 (SD 21,2)	52,7 (SD 29,1)	0,6	n.s.
VLMT habilidad de aprendizaje	12,44 (SD 2,6)	13,67 (SD 1,7)	3,51	0,001
VLMT tasa de aprendizaje	54,59 (SD 10,8)	59,52 (SD 8,4)	2,6	0,014
VLMT lista de interferencia	0,04 (SD 1,09)	1,12 (SD 1,07)	4,07	<0,001
VLMT interferencia temporal	0,04 (SD 1,2)	1,58 (SD 2,3)	3,11	0,004
Puntuación BDI	1,74 (SD 2,3)	2,66 (SD 3,1)	1,8	n.s.
ASTS Tristeza	3,44 (SD 1,2)	3,52 (SD 1,4)	0,2	n.s.
ASTS Desesperanza	3,15 (SD 0,4)	3,41 (SD 1,5)	0,9	n.s.
ASTS Cansancio	9,56 (SD 4,7)	10,78 (SD 5,1)	1,3	n.s.
ASTS Cólera	3,3 (SD 0,8)	3,22 (SD 1,15)	-0,26	n.s.
ASTS Estado de ánimo positivo	17,22 (SD 4,8)	18,69 (SD 4,52)	1,2	n.s.

DISCUSIÓN

De acuerdo con el objetivo del presente estudio, los resultados muestran que …

(Resume los resultados respondiendo en un párrafo a la pregunta u objetivo del estudio)

De hecho, los resultados muestran que …

(Ahora puedes entrar en el detalle de los resultados por apartados. Procura conservar el orden en el que los has expuesto en el apartado de Resultados)

Estos resultados concuerdan con los encontrados por …

(Compara tus resultados con los de los autores que has citado en la Introducción, diciendo con qué trabajos coinciden y con cuáles no. Con los que no coincidan, puedes apuntar a posibles razones de esta discrepancia, por ejemplo, posibles diferencias en las características de la muestra entre el otro estudio y éste, diferencias en los instrumentos de medida entre los estudios, etc.).

El presente estudio cuenta con ciertas limitaciones. En primer lugar, …

(No hay estudios perfectos, todo es mejorable. Aquí puedes apuntar posibles limitaciones del estudio)

A pesar de estas limitaciones, los resultados son relevantes ...

(Termina destacando por qué son importantes los resultados obtenidos para el avance del conocimiento o para el desempeño profesional del/la psicólogo/a. También puedes comentar si consideras que se requiere más investigación en la materia.)

REFERENCIAS

Bauer M, Goetz T, Glenn T, Whybrow PC (2008) The thyroid-brain interaction in thyroid disorders and mood disorders. J Neuroendocrinol 20: 1101–1114.

Crusio WE, Schwegler H (1991) Early postnatal hyperthyroidism improves both working and reference memory in a spatial radial-maze task in adult mice. *Physiol Behav* 50: 259–261.

Dalbert C (1992) Subjektives Wohlbefinden junger Erwachsener: Theoretische und empirische Analysen der Struktur und Stabilität. 207–220

Kuhner C, Burger C, Keller F, Hautzinger M (2007) [Reliability and validity of the Revised Beck Depression Inventory (BDI-II). Results from German samples]. Nervenarzt 78: 651–656.

Reitan R (1958) Validita of the trail making test as an indication of organic brain damage. Perceptual and Motor Skills 8: 271–276.

Rey A (1958) L'examen clinique en psychologie / The clinical examination in psychology. Oxford, England: Presses Universitaries De France.

Roberts LM, Pattison H, Roalfe A, Franklyn J, Wilson S, et al. (2006) Is subclinical thyroid dysfunction in the elderly associated with depression or cognitive dysfunction? Ann Intern Med 145: 573–581.

Samuels MH, Schuff KG, Carlson NE, Carello P, Janowsky JS (2008) Health status, mood, and cognition in experimentally induced subclinical thyrotoxicosis. *J Clin Endocrinol Metab* 93: 1730–1736.

Schmitz N, Hartkamp N, Kiuse J, Franke GH, Reister G, et al. (2000) The Symptom Check-List-90-R (SCL-90-R): a German validation study. Qual Life Res 9: 185–193.

Steer RA, Clark DA, Beck AT, Ranieri WF (1999) Common and specific dimensions of self-reported anxiety and depression: the BDI-II versus the BDI-IA. Behav Res Ther 37: 183–190.

Completa las referencias de tus citas siguiendo la normativa APA versión 7 que puedes consultar aquí: https://normas-apa.org. Recuerda que todas las citas deben tener su referencia y todas las referencias deben estar citadas en el texto. Después ordénalas alfabéticamente, las ya incluidas y las añadidas por ti.

Puedes encontrar información adicional en la publicación completa de la que se ha extraído esta actividad:

Göbel A, Heldmann M, Göttlich M, Dirk A, Brabant G, Münte TF (2016) Effect of Mild Thyrotoxicosis on Performance and Brain Activations in a Working Memory Task. PLOS ONE 11(8): e0161552. https://doi.org/10.1371/journal.pone.0161552

Práctica 13. La HormOlimpiada

Ubicación en el temario. Se recomienda la realización de esta actividad al finalizar el temario de la asignatura. También puede realizarse al finalizar cada tema.

Objetivo. Lograr que el alumnado se motive por estudiar los contenidos de la asignatura sin posponerlo a los periodos previstos en las convocatorias de exámenes oficiales. También proporciona *feedback* inmediato sobre el resultado de su aprendizaje.

Instrucciones. Se distribuye a la clase en grupos de 5/6 personas. Cada miembro del grupo preparará durante la semana previa a la HormOlimpiada, al menos, 3 preguntas tipo test de triple alternativa, en las que deberá tener clara la respuesta correcta, para dar la solución como correcta o como incorrecta. Así, su grupo tendrá al menos 15 preguntas con las que competir. Las preguntas deberán poder ser respondidas con el material visto en clase hasta el día de la HormOlimpiada y sin necesidad de que sean de un tema concreto, sino relacionando contenidos de diferentes temas teóricos o prácticos de la asignatura.

Las Normas de la HormOlimpiada se exponen a continuación

.

LOS COMPONENTES DEL EQUIPO QUE MÁS PUNTOS ACUMULE AL FINAL DEL JUEGO, OBTENDRÁN COMO TROFEO

_____ **(a criterio del docente)**

Normas de las HormOlimpiadas

- EL JUEGO DURARÁ 1 HORA
- EL EQUIPO QUE MÁS PUNTOS TENGA AL FINALIZAR EL JUEGO SERÁ EL VENCEDOR.
- EN CASO DE EMPATE, SE DESEMPATARÁ MEDIANTE UN DUELO ENTRE LOS DOS EQUIPOS GANADORES A 7 PREGUNTAS.
- Cada grupo iniciará el juego con 50 puntos.
- La primera pregunta del juego la lanzará un equipo a otro, por sorteo.
- Si el equipo preguntado responde correctamente gana 2 puntos y elige a qué equipo lanza la siguiente pregunta.
- Si el equipo preguntado falla en la respuesta pierde 2 puntos y, durante un turno, no puede ni preguntar ni ser preguntado. En este caso, el equipo que lanzó la pregunta que ha sido fallada gana los 2 puntos y tiene la potestad de elegir otro equipo al que lanzar otra pregunta.

Práctica 14. Persigue la hormona

Ubicación en el temario. Se recomienda la realización de esta actividad en los últimos temas del temario, dado su carácter integrador de información.

Objetivo. Lograr que el alumnado integre procesos regulados por una misma hormona, relacionando procesos y conductas vistas a lo largo de diferentes temas. Asimismo, pretende que el/la estudiante conciba que la relación hormona-conducta no es unívoca, sino que una misma hormona puede estar relacionada con diversos procesos.

Actividad. Coge tus apuntes y el resto de materiales de la asignatura y busca una hormona a lo largo de los temas. Observarás que una misma hormona aparece en temas diferentes asociada a procesos o conductas diferentes. De acuerdo con estos datos, cumplimenta la tabla, añadiendo las filas que te hagan falta. Después, ordénala por hormonas y verás todos los procesos que regula una misma sustancia. Esta tabla te ayudará a estudiar la asignatura.

Hormona	Tema	Conducta o proceso implicado

Práctica 15. Hormonas en los medios de comunicación

Ubicación en el temario. Por la heterogeneidad en los contenidos, la práctica puede ubicarse al final del temario o distribuida en los diferentes temas dependiendo del contenido de cada noticia.

Objetivo. Lograr que el estudiantado comprenda el impacto que la investigación sobre hormonas tiene en la sociedad a través de los medios de comunicación. Asimismo, incentivar la iniciativa de contrastar las noticias con las fuentes originales para diferenciar entre el mensaje periodístico y el científico.

Actividad. A continuación, encontrarás una serie de noticias que han sido publicadas en prensa digital. En algunas de ellas se te proporciona la información para acceder a la fuente original de la que parte la noticia y en otras no es posible, por lo que se recomienda que busques fuentes fiables para responder a las preguntas. De cada una de las noticias, debes cumplimentar el siguiente cuestionario:

1. ¿Refleja la noticia de manera fiable la información científica sobre el tema?

2. En caso afirmativo, destaca los principales resultados. ¿Cuáles son estos resultados?

3. En caso negativo, ¿hay evidencia científica que corrobore la noticia? Especifica cuál y, si hubiera evidencia que la contradice, puedes resumirla y citarla.

4. ¿Qué añadirías o eliminarías de la noticia?

Noticia 1: "La menstruación no afecta a la capacidad intelectual de las mujeres", de Javier Salas. Noticia publicada en El País el 4 de Julio de 2017. Disponible en el siguiente enlace: https://elpais.com/elpais/2017/07/03/ciencia/1499106472_885557.html

Esta noticia procede de los resultados del siguiente artículo, al que puedes acceder en el enlace:

Leeners, B., Kruger, T.H.C., Geraedts, K., Tronci, E., Mancini, T., Ille, F., et al. (2017). Lack of Associations between Female Hormone Levels and Visuospatial Working Memory, Divided Attention and Cognitive Bias across Two Consecutive Menstrual Cycles. *Front. Behav. Neurosci.*, https://doi.org/10.3389/fnbeh.2017.00120.

Enlace: https://www.frontiersin.org/articles/10.3389/fnbeh.2017.00120/full

Noticia 2: "Evo Morales dice que la homosexualidad es producto de los alimentos transgénicos". Europa Press, publicado en El Mundo el 21/04/2010, disponible en el enlace: http://www.elmundo.es/america/2010/04/21/noticias/1271833317.html

Noticia 3: "Soy una maraña de hormonas": la mujer que escogió tener la menopausia a los 22 años". BBC News Mundo, publicada el 15/06/2018, disponible en el enlace: https://www.bbc.com/mundo/noticias-44498008

Noticia 4: "Un estudio apunta a las hormonas sexuales como las causantes de más migrañas en mujeres". RTVE.es/EFE, publicado el 14/08/2018, disponible en http://www.rtve.es/noticias/20180814/estudio-apunta-hormonas-sexuales-como-causantes-mas-migranas-mujeres/1779021.shtml

Esta noticia procede de los resultados del siguiente artículo, al que puedes acceder en el enlace:

Artero-Morales, M., González-Rodríguez, S., Ferrer-Montiel, A. (2018). TRP Channels as Potential Targets for Sex-Related Differences in Migraine Pain. Front. Mol. Biosci., 14 August 2018 | https://doi.org/10.3389/fmolb.2018.00073

Enlace: https://www.frontiersin.org/articles/10.3389/fmolb.2018.00073/full

Noticia 5: "La contaminación invisible que altera las hormonas". Publicado en Noticias de la Ciencia y la Tecnología (Salud) el 16/06/2016, disponible en:

https://noticiasdelaciencia.com/art/19990/la-contaminacion-invisible-que-altera-las-hormonas

Enlaces web de interés

En este apartado puedes encontrar enlaces de laboratorios, sociedades e instituciones relacionadas con contenidos de cada tema.

Tema 1. Introducción a la Psicoendocrinología

https://sbn.org/home.aspx

En la página web de la Sociedad para la Neuroendocrinología Conductual (Society for Behavioral Neuroendocrinology) puedes acceder a bibliografía especializada y a su publicación, la revista Hormones and Behavior.

https://www.sciencedirect.com/journal/hormones-and-behavior

Es el enlace a la revista Hormones and Behavior, publicación periódica con artículos de investigación, a los que puedes acceder a través de la red VPN de la Universidad. También tiene artículos en abierto.

http://www.ispne.net/

En la página web de la Sociedad Internacional de Psiconeuroendocrinología (International Society of Psychoneuroendocrinology) puedes acceder a los acontecimientos científicos organizados desde esta institución, así como a su publicación, la revista Psychoneuroendocrinology.

https://www.sciencedirect.com/journal/psychoneuroendocrinology

Es el enlace a la revista Psychoneuroendocrinology, publicación periódica con artículos de investigación, a los que puedes acceder a través de la red VPN de la Universidad. También tiene artículos en abierto.

http://crdd.osdd.net/raghava/hmrbase/

Es una base de datos de hormonas y receptores en la que se puede encontrar su composición química, efectos, etc.

Tema 2. Hormonas, homeostasis y metabolismo.

http://www2.niddk.nih.gov

National Institute of Diabetes and Digestive and Kidney Diseases. Cuenta con diferentes recursos clínicos y de investigación e información para la salud en español.

https://www.niehs.nih.gov/health/topics/agents/endocrine/index.cfm

Página web del National Institute of Environmental Health Sciences de Estados Unidos en la que se ofrecen listas de disruptores, consensos internacionales al respecto y diferentes recursos de investigación sobre los diferentes disruptores endocrinos de nuestro entorno y sus efectos.

Tema 3. Hormonas, desarrollo y ciclo vital

http://www.aeu.es/otrasguiasaeu.aspx

Es el enlace de la Sociedad Española de Urología en la que se encuentran vídeos y guías sobre diferentes recursos en salud masculina y sobre hábitos saludables en conducta sexual.

http://sash.net

Es el enlace a The Society for the Advancement of Sexual Health, fundada en 1987, en la que se pueden encontrar noticias de eventos científicos, así como comentarios interesantes de diferentes especialistas en el tema.

http://www.sefertilidad.net/

Es la página web de la Sociedad Española de Fertilidad. En ella puedes encontrar recursos de formación. El apartado de Biblioteca es especialmente interesante porque se pueden encontrar modelos de consentimientos informados de los pacientes, guías de práctica clínica, libros, vídeos, legislación y acceso gratuito, bajo registro, a revistas científicas y aplicaciones médicas.

Tema 4. Hormonas y conducta social

http://www.emory.edu/LIVING_LINKS/

Website of the Living Links Center for the Advanced Study of Ape and Human Evolution. Es una página web en la que aparece investigación y libros sobre aspectos genéticos, cognitivos, y conductuales en primates humanos y no humanos desde un punto de vista evolutivo.

Tema 5. Estrés y adaptación

http://www.uclastresslab.org/

Web del Laboratory for Stress Assessment and Research, cuyo objetivo es el avance en la investigación científica del estrés y la salud para ayudar a prevenir alteraciones y mejorar el bienestar desde una perspectiva multidisciplinaria que integra métodos desde la Psicología, la Neurociencia, la Inmunología, la Biología molecular, la Genética y la Genómica. Cuenta con noticias, acceso de las publicaciones y otros recursos en este campo.

TEMA 6. Hormonas y estado de ánimo

https://socialaffectiveneuro.org

Enlace a la web de la Social and Affective Neuroscience Society, en el que se pueden encontrar enlaces a laboratorios europeos, así como recursos de investigación y publicaciones.

https://emotional-apps.com/

Enlace a un grupo de investigación dependiente de la Universidad Jaume I de Castellón en la que se encuentran aplicaciones para móviles destinadas a la evaluación de la inteligencia emocional, entrenamiento en expresiones faciales de emociones, etc.

http://www.paulekman.com

Web personal del Dr. Paul Ekman en la que se encuentran recursos para el entrenamiento en la observación de expresiones y microexpresiones faciales de emociones

TEMA 7. Hormonas, memoria y aprendizaje

http://www.fundacionreinasofia.es/ES/nuestros_proyectos/sanitario/Paginas/default.aspx

Enlace a web de la Fundación Reina Sofía destinada a la ayuda, entre otros proyectos colaborativos a nivel nacional e internacional, a la investigación sobre enfermedades neurodegenerativas. Se pueden descargar de forma gratuita guías de ayuda en la vida cotidiana para pacientes, familiares y profesionales.

Lecturas sugeridas

En este apartado encontrarás sugerencias de lecturas, generalmente de carácter divulgativo, sobre cada una de las temáticas de la asignatura.

Tema 1. Introducción a la Psicoendocrinología

García-Sáinz, J.A. (2008). *Hormonas: mensajeros químicos y comunicación celular*. 3ª edición. México: FCE, SEP, Conacyt. Recoge algunos de los aspectos más interesantes del mecanismo de acción de las hormonas para un público no especializado.

Aranda, A. (2015). *Las hormonas*. Colección ¿Qué sabemos de…?. Madrid: CSIC y Catarata. Analiza los principales hitos de la historia de la endocrinología, explica las principales glándulas endocrinas y sus hormonas, los mecanismos de síntesis, liberación y secreción, su mecanismo de acción, sus funciones y las enfermedades endocrinas más importantes.

Fernández Guardiola, A. (2003). *Las neurociencias en el exilio español en México*. México: FCE, SEP, Conacyt, Universidad Internacional de Andalucía. Presenta notas biográficas de los médicos españoles Dionisio Nieto, José Puche, Isaac Costero, Rafael Méndez y Ramón Álvarez-Buylla, destacando la importancia de su exilio para el desarrollo de las Neurociencias en Méjico.

Levi-Montalcini, R. (2011). *Elogio de la imperfección*. Barcelona: Tusquets Editores S.A. Autobiografía de la autora —mujer, y científica, y de origen judío que recorre el siglo XX y parte del XXI, con un balance de la trayectoria profesional y vital.

Abdala, N. (2017). *Mi cerebro, mis hormonas y yo*. Buenos Aires: Planeta. Aborda la interrelación neuroendocrina en la explicación de las emociones y las patologías.

González, J. (2012). *Breve historia del cerebro*. Barcelona: Grupo Planeta. Este libro presenta la evolución de las ideas, desde las primeras suposiciones sobre si era en el corazón o en el cerebro donde se originan las funciones mentales, hasta los avances más recientes. Recoge también la contribución de Ramón y Cajal, las técnicas avanzadas de exploración cerebral y el problema de la consciencia.

Gruart, A., Delgado, J.M., Escobar, C., Aguilar, R. (2002). *Los relojes que gobiernan la vida*. México: FCE, SEP, Conacyt. Recoge ejemplos de cronobiología con un estilo ameno.

Ackerman, J. (2010). *Un día en la vida del cuerpo humano: Comer, beber, amar, soñar*. Madrid: Ariel. Este libro muestra cómo funciona el cuerpo humano a lo largo de un día cualquiera, desde el despertar matutino de los sentidos hasta el duermevela previo al sueño.

Levi-Montalcini, R. (2014). *Atrévete a saber*. Barcelona: Grupo Planeta. Este libro fue publicado cuando la autora ya había cumplido noventa y cinco años, y se centra en el funcionamiento cerebral.

Benítez-King, G. (2008). *Melatonina: un destello de vida en la oscuridad*. México: FCE, SEP, Conacyt. Expone descubrimientos científicos sobre la melatonina y sus funciones a partir de mitos, cuentos e historias fantásticas.

Tema 2. Hormonas, homeostasis y metabolismo.

Cudeiro, F.J. (2012). *Paladear con el cerebro*. Madrid: CSIC y Catarata. Este libro explica cómo el cerebro entiende los mensajes que los modernos cocineros envían a los cerebros de sus comensales.

Braun, E. (2003). *El saber y los sentidos*. México: FCE, SEP, Conacyt. Aborda los mecanismos de los cinco sentidos, pero también de la percepción del equilibrio y sensaciones como el hambre, la sed y la atracción sexual.

Peña, A. (2001). *Qué es el metabolismo.* México: FCE, SEP, Conacyt. Revisa conceptos del metabolismo tanto de una bacteria como de una célula o un organismo.

Tema 3. Hormonas, desarrollo y ciclo vital

Perry, B. y Szalavitz, M. (2016). *El chico a quien criaron como perro*. Madrid: Capitan Swing. Diario en el que los psiquiatras infantiles describen su acompañamiento a decenas de niños, víctimas de traumas durante años.

Gerhardt, S. (2016). *El amor maternal. La influencia del afecto en el cerebro y las emociones del bebé*. Sitges: Editorial Eleftheria S.L. La crianza amorosa moldea las conexiones cerebrales del bebé predisponiéndole a un futuro desarrollo con empatía, autocontrol y conexión con los demás.

Daly, M. y Wilson, M. (1998). *La verdad sobre Cenicienta*. Barcelona: Grupo Planeta. Revisa explicaciones sobre la crianza y el maltrato infantil desde una perspectiva evolucionista.

Delibes, M. y Gómez, A. (2017). *Pequeño mamífero: El cachorro humano y otros lactantes.* Barcelona: Grupo Planeta. Aborda cómo el entorno social ha intervenido en el embarazo, la forma de alimentar al bebé, describe foros prolactancia y procrianza natural, pero también otros probiberón y procrianza conductista.

Medina, J.J. (2003). *El reloj de la edad*. Barcelona: Grupo Planeta. Revisa por qué y cómo envejecemos. También explica cómo se produce el envejecimiento de la piel, el cabello, los huesos, los músculos, el cerebro, el corazón o los pulmones y examina cómo afecta a la digestión, a nuestros sentidos o a nuestro sistema reproductor.

Liaño, H. (2000). *Cerebro de hombre, cerebro de mujer*. Madrid: Ed. Suma de letras. En este libro se detallan las conclusiones de diversos experimentos sobre conducta en el contexto del laboratorio, tanto en animales como en seres humanos, haciendo especial hincapié en la conducta sexual y en las diferencias entre las bases neurales de hombres y mujeres.

Brizendine, L. (2010). *El cerebro femenino*. Barcelona: RBA. Controvertida reseña de los fundamentos biológicos de la conducta humana.

Brizendine, L. (2010). *El cerebro masculino*. Barcelona: RBA. La autora aborda, no lejos de polémica, algunos aspectos del cerebro femenino y su punto de vista sobre el funcionamiento del cerebro masculino.

Blanck-Cereijido, F. y Cereijido. M. (2009). *La muerte y sus ventajas*. México: FCE, SEP, Conacyt. Revisa la muerte celular programada.

Baron-Cohen, S. (2005). *La gran diferencia. Cómo son realmente los cerebros de hombres y mujeres*. Barcelona: Amat. Incluye instrumentos de evaluación. Existe un error de edición en la traducción española que puede subsanarse recurriendo a una fuente original: http://www.autismresearchcentre.com

Orlandini, A. (2009). *El enamoramiento y el mal de amores*. México: FCE, SEP, Conacyt. Trata diferentes manifestaciones del enamoramiento, incluyendo un "glosario del amor", ordenado alfabéticamente y que va de "acoso sexual" a "viuda negra".

Barash, D. y Lipton, J.E. (2003). *El mito de la monogamia. La fidelidad y la infidelidad en los animales y en las personas*. Madrid: Siglo Veintiuno de España Editores. Recopila y describe los resultados de de experimentos y observaciones sobre la la elección de pareja con explicaciones biológicas y culturales.

Fisher, H. (2006). *Por qué amamos*. Buenos Aires: Punto de lectura. Se subtitula Naturaleza y química del amor romántico, en el que se describe el diseño, desarrollo y conclusiones de un experimento en esta temática.

Tema 4. Hormonas y conducta social

Morgado. I. (2014). *Emociones e inteligencia social: Las claves para una alianza entre los sentimientos y la razón*. Barcelona: Grupo Planeta. Describe el cerebro emocional y cómo los sentimientos afectan a las percepciones, la memoria, la comunicación, la toma de decisiones, la planificación del futuro, la creatividad o al sistema de valores y la moral de las personas.

Ghiglieri, M.P. (1999). *El lado oscuro del hombre. Los orígenes de la violencia masculina.* Barcelona: Metatemas. Revisa las pruebas disponibles sobre las bases neurales de la violencia, espcialmente en el cerebro masculino.

Pfaff, D.W. (2007). *The Neuroscience of the fair play: why we (usually) follow the Golden rule.* Washington: The Dana Foundation. Las Neurociencias ayudan a explicar el altruismo en este libro.

Pfaff, D.W. (2015). *The altruistic brain: how we are naturally good.* New York: Oxford University Press. En este libro se aborda tanto la conducta altruista como la moralidad desde el ámbito de las Neurociencias.

Tema 5. Estrés y adaptación

Campillo, J.E. (2012). *El mono estresado.* Barcelona: Editorial Crítica. Colección Drakontos. En este libro se explica de forma divulgativa, en qué consiste la respuesta de estrés y qué efectos puede tener sobre la salud. Además, también propone estrategias para poder prevenir o atenuar sus efectos.

Orlandini, A. (2009). *El estrés: qué es y cómo evitarlo.* México: FCE, SEP, Conacyt. El libro analiza el estrés desde diversos ángulos: los aspectos biológicos, psicológicos y sociológicos; las enfermedades y la descripción de algunos ejemplos de estrés: sexual, sentimental, académico y laboral, etc.

Tema 6. Hormonas y estado de ánimo

Punset, E. (2012). *Viaje a las emociones.* Barcelona: Grupo Planeta. Revisa el papel de las emociones, el estrés, los flujos hormonales, el envejecimiento, los factores sociales, económicos, culturales, religiosos... en la búsqueda de la felicidad.

Vinyamata, E., Horta, A., Marí, R. y Pérez, A. (2015). *Neurociencia afectiva.* Barcelona: Editorial UOC. Se aproxima a las bases neurocientíficas que dan lugar a los conflictos, emociones, sensaciones y maneras de actuar del ser humano en su entorno social.

Pasantes, H. (2008). *De neuronas, emociones y motivaciones.* México: FCE, SEP, Conacyt. Revisa el vínculo cerebro-emoción, tal como los avances científicos los van descubriendo día a día.

Pérez-Rincón, H. (2003). *El teatro de las histéricas.* De cómo Charcot descubrió, entre otras cosas, que también había histéricos. México: FCE, SEP, Conacyt. Expone a través de la vida de Jean Martin Charcot el nacimiento de la neurología y el psicoanálisis, y la evolución de la psicología médica desde una perspectiva psiquiátrica.

Tema 7. Hormonas, memoria y aprendizaje

Ignacio Morgado, I. (2014). *Aprender, recordar y olvidar: Claves cerebrales de la memoria y la educación.* Barcelona: Grupo Planeta. Explica los mecanismos cerebrales asociados a procesos de aprendizaje y memoria.

Ávila, J. (2016). *La demencia.* Colección ¿Qué sabemos de...? Madrid: CSIC y Catarata. Revisa los conocimientos disponibles sobre la demencia.

Martínez, A. (2009). *El Alzheimer.* Colección ¿Qué sabemos de...? Madrid: CSIC y Catarata. Este libro responde a interrogantes sobre la enfermedad de Alzheimer y cuáles son los principales esfuerzos científicos que se están llevando a cabo.